niveau 1

Régine Mérieux
Yves Loiseau

version anglophone

connexions

Cahier d'exercices

didier

Table des crédits

Photo de couverture : © Max Dia/Getty Images
Couverture : Chrystel Proupuech
Conception maquette et mise en pages : Pauline Bonnet
Photos : 96 (photo 3) : Jeff Mermelstein / Getty Images
Aurélia Galicher : 71
Emmanuel Lainé : 52 ; 71
Illustrations : Cyrille Berger : 4, 5, 15, 16, 23, 80, 81, 82, 83, 94, 100, ; Jean-Louis Marti –
RetM Graphic : 8, 19, 20, 26, 33, 47, 48, 54, 57, 58, 62, 64, 79, 92, 103 ; Yves Loiseau : 54

© Les Éditions Didier, Paris 2004   ISBN 978-2-278-05760-3   Imprimé en Italie

SUMMARY

Bonjour !

Livre de l'élève
pages 8 et 9

Exercice 1

Listen and mark the box corresponding to the correct answer.

1. ☐ Bonjour, monsieur.
   ☒ Salut.
   ☐ Ça va.

2. ☒ Hum, ça va !
   ☐ Salut.
   ☐ Bonne journée !

3. ☒ Bien, merci.
   ☐ Asseyez-vous !
   ☐ D'accord.

4. ☒ D'accord.
   ☐ À bientôt.
   ☐ S'il vous plaît.

5. ☐ Bonjour.
   ☒ Tchao.
   ☐ Bien, merci.

Exercice 2

Listen to the dialogues. Write *tu* or *vous*.

1	2	3	4	5
vous	TY	NOYS	vous	TY

 **Outils** Saluer

Livre de l'élève
pages 10 et 11

Exercice 3

What are these people saying? Create a dialogue.

1.

2.

3.

4.

Exercice 4

How is it written? Listen and complete the following words.

1. à bient *ôt*
2. bonj*ou*r
3. d'acc*or*d

4. directr*ice*
5. mad*ame*
6. me*r*ci

7. m*on*sieur
8. pard*on*
9. sal*ut*

 **L'alphabet**

- -

Exercice 5

Listen and write the correct letters.

1. *a*   **2.** *e*   **3.** *f*   **4.** *h*   **5.** *i*   **6.** *j*   **7.** *k*   **8.** *o*   **9.** *R q*

Exercice 6

Listen and choose the letter you hear.

1. ☐ c ☒ s
2. ☐ e ☒ i

3. ☒ d ☒ t
4. ☒ k ☐ q

5. ☒ e ☐ o
6. ☒ b ☐ p

7. ☐ m ☒ n
8. ☐ g ☒ j

9. ☐ e ☒ u
10. ☒ l ☒ r

Exercice 7

Listen and choose the letter you hear.

1. ☐ é ☒ ê
2. ☒ d' ☐ c'
3. ☐ ê ☒ î

4. ☐ ù ☒ è
5. ☒ ç ☐ c'
6. ☒ à ☐ è

7. ☐ é ☒ è
8. ☒ ï ☐ ü
9. ☒ t' ☐ d'

Exercice 8

Listen and choose the word you hear.

1. ☒ chère ☐ chéri ☐ chers
2. ☒ mis ☐ mes ☐ mus
3. ☐ cage ☒ sage ☐ gage
4. ☐ pure ☐ pire ☒ pile
5. ☐ nom ☒ mon ☐ non

6. ☒ coule ☐ coure ☐ courre
7. ☐ père ☒ péri ☐ pêle
8. ☐ jouer ☐ jour ☒ joueur
9. ☐ mare ☒ marre ☐ narre

Exercice 9

How is it written? Listen and write the words.

1. salut 2. bonjour 3. monsieur 4. asseyez 5. enchanté 6. merci 7. excusez 8. suis 9. directrice
monsœur

Exercice 10

Listen and write the names of the cities.

1. Paris 3. Lille 5. Lyon 7. Orléans 9. Châteauroux
2. Bordeaux 4. Marseille 6. Strasbourg 8. Besançon Châteauroux

 # S'excuser

 Livre de l'élève
pages 12 et 13

Exercice 11

Listen to the dialogues and complete them.

Dialogue 1
- Bonjour, monsieur.
- Bonjour, madame.
- Vous _____ ?

Dialogue 2
- Ah ! Bonjour, Madame Legrand, vous avez fait bon voyage ?
- Oui, merci _____.
- Comment tu a vous ?
- _____ ?

Dialogue 3
- Pardon, vous êtes Ali Medjahed ?
- No _____.
- Excusez moi _____.

Dialogue 4
- Bonjour, Madame Jovinac.
- Bonjour _____.
- Assey vu _____.

Les nombres de 0 à 10

Write in letters.

1 : un
0 : *zero*
3 : *trois*
8 : *huit*
6 : *six*
5 : *cinq*

7 : *sept*
10 : *dix*
9 : *neuf*
4 : *quatre*
2 : *deux*

Circle the numbers.

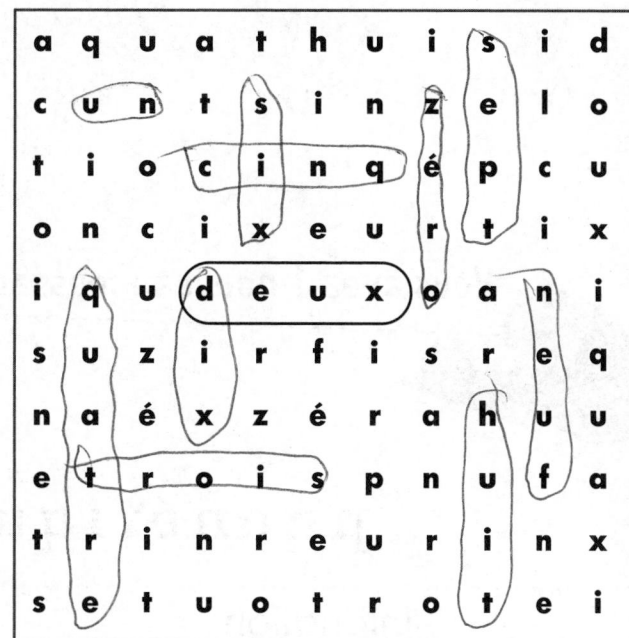

Do the arithmetic. Listen, write and indicate your answer.

1. un + trois = quatre
2. *deux + deux = quatre*
3. *six - trois = trois* ✗
4. *quatre + quatre = huit*
5. *sept + trois = dix*
6. *six + six = zero*
7. *neuf + deux = sept*
8. *huit + un = dix neuf*
9. *dix - cinq = cinq*
10. *deux + six = huit*

 Les premiers gestes

Write the number corresponding to each drawing.

un

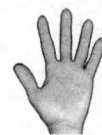

cinq

zero

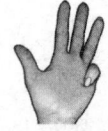

quatre

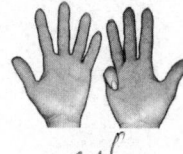

neuf

Trois

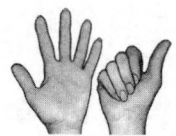

six

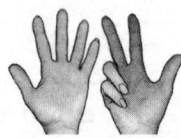

huit

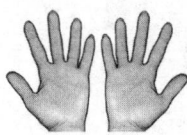

dix

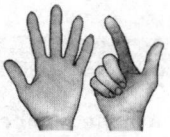

sept

Vous avez 1 nouveau message

Livre de l'élève
pages 14 et 15

phonétique

Intonation

Listen and repeat.

1. Quatre ? - Quatre.
2. Oui ? - Oui.
3. D'accord ? - D'accord.

Exercice 17

What do you hear? Listen and choose the correct answers.

1. ☐ Ça va ?
☒ Ça va.

3. ☒ D'accord ?
☐ D'accord.

5. ☒ Monsieur ?
☐ Monsieur.

7. ☒ Paris ?
☐ Paris.

2. ☒ Julien ?
☐ Julien.

4. ☐ À demain?
☒ À demain.

6. ☐ Trois ?
☒ Trois.

8. ☐ Oui ?
☒ Oui.

Ça s'écrit comment ?

Exercice 18

What do you hear? Listen and mark the box corresponding to the word you hear.

1. ☐ bas ☐ boit ☐ bout
2. ☐ far ☐ foire ☐ four
3. ☐ ma ☒ moi ☐ mou
4. ☐ par ☒ poire ☐ pour

5. ☐ passe ☐ poisse ☐ pousse
6. ☐ sa ☐ soi ☐ sous
7. ☐ chat ☐ choix ☐ choux

Exercice 19

What do you hear? Listen and mark the box corresponding to the word you hear.

1. ☐ bar ☒ boire
2. ☒ cale ☐ coule
3. ☒ roi ☐ roux

4. ☒ cape ☐ coupe
5. ☐ lâche ☒ louche
6. ☐ noix ☐ nous

7. ☐ rage ☒ rouge
8. ☒ soir ☐ sourd
9. ☒ tasse ☐ tousse

Exercice 20

Listen and write.

1. t_ _t - t_ _ - t_ _t
2. p_ _l - p_ _le - p_ _le
3. v_ _s - v_ _s - v_ _s
4. b_ _rg - b_ _r - b_ _re

5. p_ _sson - p_ _ssons - p_ _ssons
6. ch_ _r - ch_ _rre - ch_ _r
7. f_ _r - f_ _re - f_ _rre

Listen and write.

1. p _ _ rl _ _ r
2. v _ _ l _ _ r
3. n _ _ g _ _ t
4. p _ _ rt _ _ t
5. m _ _ ch _ _ r
6. p _ _ rb _ _ re
7. r _ _ s _ _ r
8. c _ _ l _ _ r
9. n _ _ n _ _ rs
10. p _ _ v _ _ r

La géographie de la France

Livre de l'élève
pages 16 et 17

Exercice 22

Find the following western European countries.

le Luxembourg = n° _ _

l'Espagne = n° _ _

la Grande-Bretagne = n° _ _

l'Allemagne = n° _ _

le Portugal = n° _ _

la Suisse = n° _ _

la France = n° _ _

la Belgique = n° _ _

l'Italie = n° _ _

les Pays-Bas = n° _ _

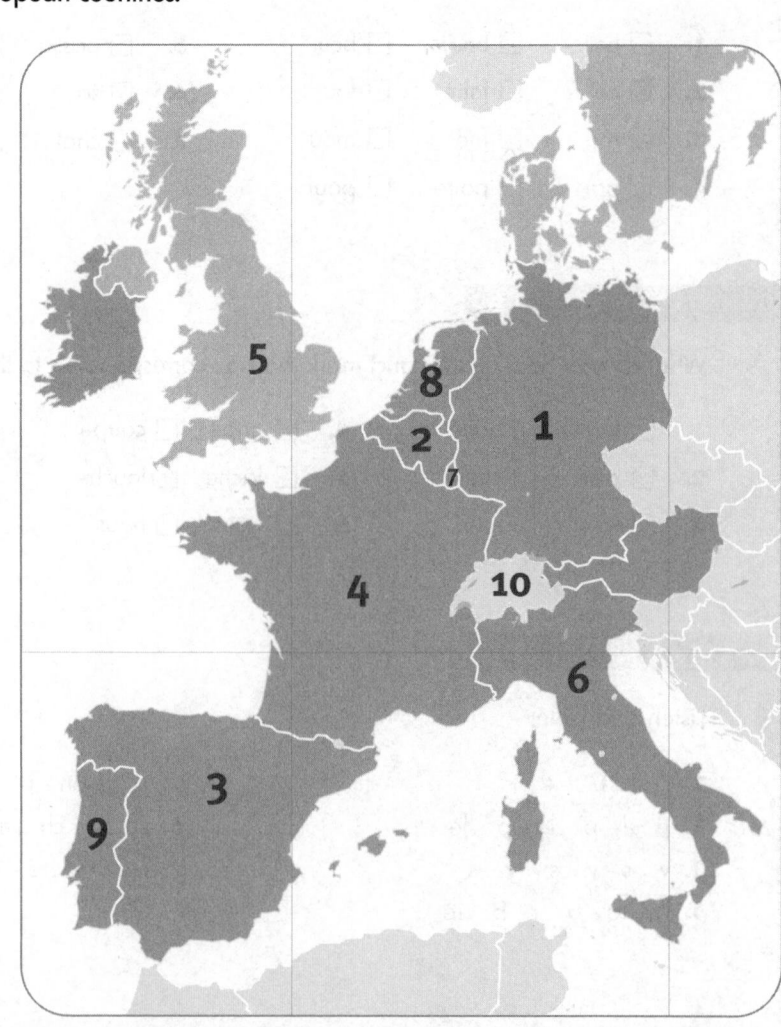

2
Rencontres

Exercice 1

Livre de l'élève
pages 18 et 19

Complete the following.

Norma : Je suis _ _ _ _ _ . J'_ _ _ _ _ à Toluca. J'_ _ _ _ 30 ans.

Paola : Je _ _ _ _ _ de Milan. J'_ _ _ _ _ le _ _ _ _ _ au lycée.

Saïd : _ _ _ _ _ , je _ _ _ _ _ Saïd et j'habite _ _ _ _ _ Rabat.

Marek : Moi, _ _ _ _ _ Marek. J'habite et je _ _ _ _ _ à Berlin _ _ _ _ _ je _ _ _ _ _ polonais.

J'ai 36 _ _ _ _ _ . Je suis _ _ _ _ _ le 3 mai 1968.

Exercice 2

Find the correct answers in the right hand column.

1. Vous vous appelez comment ?

2. Vous êtes française ?

3. Tu t'appelles comment ?

4. Vous habitez où ?

5. Vous avez quel âge ?

6. Tu habites à Nice ?

a. Non, belge.

b. À Oslo.

c. Non, je travaille à Nice et j'habite à Cannes.

d. Céline. Céline Dupuis.

e. J'ai 20 ans.

f. Mario. Et toi ?

1	2	3	4	5	6
--	--	--	--	--	--

Exercice 3

Listen and choose *vrai (true)*, *faux (false)*, or *?*. Correct the false statements.

Exemples : Norma a 30 ans → *vrai*

Norma est brésilienne → *faux : Norma est mexicaine.*

	vrai	faux	?	
Mathias est allemand.	☐	☐	☐	-----------------------------------
Mathias a 33 ans.	☐	☐	☐	-----------------------------------
Mathias est très sympa.	☐	☐	☐	-----------------------------------
Zohra est tunisienne.	☐	☐	☐	-----------------------------------

Complete with *je* (*j'*), *tu*, *il* or *elle*.

1. - _ _ _ _ _ habites où ?
   - À Paris, et toi ?

2. - Saïd est algérien ?
   - Non, _ _ _ _ _ est marocain.
   - Et Malika ?
   - Elle, _ _ _ _ _ est algérienne.

3. - _ _ _ _ _ ai 36 ans. Et toi, _ _ _ _ _ as quel âge ?
   - 32 ans !

4. - _ _ _ _ _ apprend le français, Paola ?
   - Oui, et _ _ _ _ _ aime la France !

5. - _ _ _ _ _ est de Berlin, Marek ?
   - Non, _ _ _ _ _ travaille à Berlin mais _ _ _ _ _ est polonais.

 Outils **Les nationalités**

 **Livre de l'élève**
pages 20 et 21

Reread activities 4, 5 and 6 in your book, and complete the following chart.

	féminin = masculin à l'oral	féminin = masculin à l'écrit
portugais	*non*	- - -
espagnol	*oui*	- - -
marocain	- - -	- - -
belge	- - -	- - -
chinois	- - -	- - -
allemand	- - -	- - -
mexicain	- - -	- - -
australien	- - -	- - -

a) Choose the correct adjective from the list. Put it in its masculine or feminine form, and complete the sentences.

grec - français - brésilien - italien - portugais - anglais

1. Copacabana est une plage _ _ _ _ _ _ _ _ _ _ .
2. Le steak-frites, c'est _ _ _ _ _ _ _ _ _ _ !
3. Le porto est un vin _ _ _ _ _ _ _ _ _ _ .
4. Philippe adore le footballeur _ _ _ _ _ _ _ _ _ David Beckham.
5. Ornella Mutti est une belle actrice _ _ _ _ _ _ _ _ _ _ .
6. Dalaras ? C'est un chanteur _ _ _ _ _ _ _ _ _ _ .

 b) Check your answers with the recording.

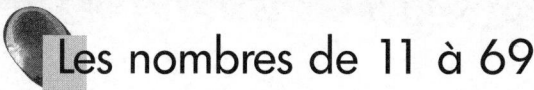

Les nombres de 11 à 69

Exercice 7

a) Write in letters.

17 : _____

21 : _____

33 : _____

48 : _____

50 : _____

69 : _____

b) Write in numbers.

onze : _____

vingt-huit : _____

trente-six : _____

quarante et un : _____

cinquante-deux : _____

soixante-sept : _____

Exercice 8

Listen and complete the following telephone numbers.

Bonjour, Service information de la mairie de Nantes. Notez bien les numéros utiles :

Pompiers : _ _ _ _ _ _ _ _ _ _

Police : _ _ _ _ _ _ _ _ _ _

SOS Médecins : _ _ _ _ _ _ _ _ _ _

Taxis : _ _ _ _ _ _ _ _ _ _

SNCF : _ _ _ _ _ _ _ _ _ _

Se présenter / présenter quelqu'un

Livre de l'élève
pages 22 et 23

Exercice 9

Answer the following questions.

Vous vous appelez comment ? _____

Vous avez quel âge ? _____

Quelle est votre nationalité ? _____

Vous habitez où ? _____

Exercice 10

Listen to the recording, and fill out the identity form.

Nom : Picacci

Prénom : _ _ _ _ _ _ _ _ _

Né(e) le : 22/03/1977 à _ _ _ _ _ _ _ _ _

Nationalité : _ _ _ _ _ _ _ _ _

Adresse : _ _ _ _ _ _ _ _ _ rue Condotti, Naples.

ITALIE

.Rome

.Naples

Exercice 11

Complete the chart.

	être	avoir	s'appeler	travailler
je / j'	*suis*	- - -	- - -	- - -
tu	- - -	*as*	- - -	- - -
il / elle	- - -	- - -	*s'appelle*	- - -
vous	- - -	- - -	- - -	*travaillez*

Exercice 12

Complete this dialogue.

- Bonjour ! Je m'appelle Diana. Et toi, tu _ _ _ _ _ comment ?
- Axel. _ _ _ _ _ 22 ans, et toi ?
- Moi, 24 ans.
- Tu _ _ _ _ _ anglaise, Diana ?
- Non, non. Je _ _ _ _ _ canadienne. _ _ _ _ _ à Ottawa mais _ _ _ _ _ le français à Paris. Toi, tu _ _ _ _ _ français ?
- Oui, oui. Je _ _ _ _ _ de Paris.

Exercice 13

Write a brief presentation of these two people.

1. Pierre Dupont / Lyon / 38 ans/ français.

- -
- -

2. Katja Ritz / allemande / Stuttgart / 21 ans.

- -
- -

Exercice 14

Put the following words in the correct column.

France - dialogues - université - numéro de téléphone - adresse - noms - âge - prénom - nationalité - français - fiches

le	la	l'	les
- - - - -	- - - - -	- - - - -	- - - - -
- - - - -	- - - - -	- - - - -	- - - - -
- - - - -	- - - - -	- - - - -	- - - - -
- - - - -	- - - - -	- - - - -	- - - - -

Vous avez 1 nouveau message

Livre de l'élève
pages 24 et 25

 ## Demander à quelqu'un de se présenter

Exercice 15

Write the questions for the following answers.

1. - _____

- Pierre François.

2. - _____

- À Marseille.

3. - _____

- 32 ans, et toi ?

4. - _____

- popi@club-internet.fr

5. - _____

- C'est le 01 44 42 30 38.

Exercice 16

Ask your neighbour questions to complete the files.

A

Nom :	Adriana Orcetta	_ _ _ _ _	Luca Disegni	_ _ _ _ _
Âge :	31 ans	_ _ _ _ _	20 ans	_ _ _ _ _
Nationalité :	argentine	_ _ _ _ _	italien	_ _ _ _ _
Adresse électronique :	adluc@conquis.ar	_ _ _ _ _	iboc@libero.it	_ _ _ _ _
Téléphone :	(54) 11 26 55 22 01	_ _ _ _ _	(39) 06 56 74 062	_ _ _ _ _

Ask your neighbour questions to complete the files.

B

Nom :		-----	Naoko Kawasami	-----	Jallal Benali
Âge :		-----	40 ans	-----	26 ans
Nationalité :		-----	japonaise	-----	libanais
Adresse électronique :		-----	nkawasami@nifty.ne.jp	-----	jbenali@mamon.lb
Téléphone :		-----	(81) 6 63 91 73 59	-----	(961) 1 420 142

phonétique

Le rythme

Exercice 17

a) Listen and practice reciting the poem by Jean Tardieu.

Quoi qu'a dit ? – A dit rin.
Quoi qu'a fait ? – A fait rin.
À quoi qu'a pense ? – A pense à rin.
Pourquoi qu'a dit rin ?
Pourquoi qu'a fait rin ?
Pourquoi qu'a pense à rin ?
- A'xiste pas.

Jean Tardieu

b) Listen to the recording, and answer the questions orally. Pay close attention to the rhythm!

Quoi qu'a dit ? – _ _ _ _ _ _ _ _ _ _ _ _ _ .
Quoi qu'a fait ? – _ _ _ _ _ _ _ _ _ _ _ _ .
À quoi qu'a pense ? – _ _ _ _ _ _ _ _ _ _ _ _ _ .
Pourquoi qu'a dit rin ?
Pourquoi qu'a fait rin ?
Pourquoi qu'a pense à rin ?
- _ _ _ _ _ _ _ _ _ _ _ _ _ .

c) Check yourself using the recording.

Exercice 18

Listen and practice reciting this poem.

Grand merci, grand merci.
Merci. Mille fois merci.
À bientôt !
- Mais oui - Mais non !
Ce n'est rien, je vous en prie.

Jean Tardieu

Exercice 19

Listen and say whether you hear the sound [y] in the 1st or in the 2nd word. Check the correct box.

	1er mot	2e mot
1.	☐	☐
2.	☐	☐
3.	☐	☐
4.	☐	☐
5.	☐	☐
6.	☐	☐

La France en Europe

Livre de l'élève pages 26 et 27

Exercice 20

Who is writing? Complete the chart.

	un homme 👨	une femme 👩	on ne sait pas ?
1. Je suis turc.			
2. Je suis bulgare.			
3. Je suis grecque.			
4. Je suis finlandais.			
5. Je suis roumaine.			
6. Je suis belge.			
7. Je suis espagnole.			
8. Je suis danois.			

Exercice 21

a) Read each possibility and <u>underline</u> the name of the country as it's written in French.

1. Angleterre – Ingiltere – England – Inghilterra
2. Francia – France – Fransa – Frankreich
3. Türkiye – Turquie – Turchia – Turquía
4. Hungary – Ungheria – Hongrie – Macaristan
5. İspanya – Espagne – Spain – Spagna

b) Read each possibility and <u>underline</u> the name of the city as it's written in French.

1. Atene – Athen – Athènes – Atenas
2. Wien – Vienna – Viyana – Vienne
3. Varsovia – Varsavia – Varsovie – Warschau
4. Brussels – Bruxelles – Brüssel – Bruselas
5. Lisbonne – Lisbona – Lisboa – Lisbon

100%
questions

Livre de l'élève
pages 28 et 29

Exercice 1

Put each set of words in the correct order.

1. n' / non, / Angers / je / habite / pas / à / .

-- .

2. bien / le / aime / j' / français / si, / !

-- .

3. pas / Anke / non, / ne / travaille / Berlin / à / .

-- .

4. Luigi / ans / 28 / a / a / pas / n' / ans, / il / 26 / .

-- .

5. enfants / j' / si, / suis / et / je / marié / deux / ai / .

-- .

6. vacances / aime / Vincent / n' / pluie / pas / la / mais / il / adore / les / !

-- .

Exercice 2

Put this dialogue in the correct order.

1. Moi, ça va bien. Excuse-moi mais, tu n'es pas française, si ?

2. Théo. J'ai 21 ans et j'apprends l'espagnol.

3. Salut.

4. Bah oui, ça va. Et toi ?

5. Ça va bien ?

6. Julia. Et toi ?

7. Non, c'est vrai. Je suis italienne. J'ai un accent ?

8. Super, on va être ensemble !

9. Hé ! Bonjour !

10. Oui, mais c'est joli l'accent italien. Et…
tu t'appelles comment ?

11. Moi aussi, j'apprends l'espagnol et le français
à l'université.

(9) Hé ! Bonjour !

-- .

-- .

-- .

-- .

-- .

-- .

-- .

-- .

Exercice 3

Give your own personal anwers to these questions.
Exemple : - Vous aimez le travail ?
- Oui, j'aime bien le travail mais j'adore les vacances (et le soleil) !

1. Vous aimez la musique ? -- .
2. Vous n'aimez pas le théâtre ? -- .
3. Le cinéma, vous aimez bien ? --- .
4. Et le sport, vous n'aimez pas ? --- .
5. Et les voyages ? --- .
6. Vous aimez le français ? --- .

Exercice 4

Complete the sentences as in the example.
Exemple : Tu es chinoise (japonaise). → Non, je ne suis pas chinoise, je suis japonaise.

1. Vous êtes violoniste ? (pianiste)
-- .
2. Il s'appelle Bob ? (Jim)
-- .
3. Ta famille habite à Rabat ? (Casablanca)
-- .
4. Tu as 30 ans ? (29 ans)
-- .
5. Vous aimez le rugby ? (football)
-- .
6. Tu es marié(e) ? (célibataire)
-- .

Exercice 5

Write a sentence about each drawing.
Exemple : Il fait du football.

la guitare – le piano – le violon – le violoncelle

le basket-ball – la danse – la natation – le rugby

Outils — Exprimer la possession

Livre de l'élève
pages 30 et 31

Exercice 6

Rewrite the sentences using the correct word(s).
Exemple : Quelle est ta (adresse / nationalité) ? → Quelle est ta nationalité ?

1. Jim, tu as son (numéro de téléphone / date de naissance) ? _____ ?
2. Et toi, quel est ton (âge / nationalité) ? _____ ?
3. Moi, j'adore ma (chien / famille) ! _____ !
4. Ses (enfants / enfant) sont à l'école. _____ .
5. Mon (copine / amie) Éva habite à Arras. _____ .
6. Il est sympa son (voisin / mère) ? _____ ?

Exercice 7

Complete using *c'est* or *il est*.

1. _____ mon ami Luigi. _____ italien et _____ étudiant en français.
2. _____ un informaticien de 30 ans et _____ l'ami de Ludivine.
3. _____ colombien. _____ né à Bogota et il habite à Cali.
4. _____ Markus. _____ mon ami de Berlin. _____ professeur à l'université Humboldt.
5. _____ ton ami ? Oui. _____ Patrick. _____ marié avec Marie.

Exercice 8

Choose the correct adjective, and complete these short dialogues.

1. - Quelle est _____ nationalité, Katja ? **votre / son / ton**
   - Allemande. Je suis né en Allemagne et j'habite en Autriche depuis 10 ans.

2. - C'est qui là, sur la photo ?
   - C'est Sylvie Manry, c'est _____ amie de Brest. **ma / mon / ton**

3. - _____ amis habitent à Nice ? **Vos / Votre / Ton**
   - Non, ils habitent dans un petit village à 20 kilomètres de Nice.

4. - Ah ! Julie… Je l'aime bien ; j'adore _ _ _ _ _ beaux yeux noirs. **son / tes / ses**
   - Hum… pas mal, mais moi, je préfère les yeux bleus.

5. - Tu aimes bien _ _ _ _ _ ami Saïd ? **mon / ma / votre**
   - Ah, ouais ! Il est super sympa !

Exercice 9

Complete using the correct possessive.

1. - Vous avez _ _ _ _ _ passeport, s'il vous plaît ?
   - Euh… _ _ _ _ _ passeport ? Oui… Voilà !

2. - Et toi, quel est _ _ _ _ _ sport préféré ?
   - Moi, je fais du tennis et _ _ _ _ _ deux frères font du tennis de table.

3. - _ _ _ _ _ nationalité ? Française. Je suis française. Et toi ?
   - _ _ _ _ _ prénom est espagnol mais je suis italienne.

4. - Emma aime le cinéma et _ _ _ _ _ famille. Et toi ?
   - Moi, j'aime _ _ _ _ _ enfants, _ _ _ _ _ famille et aussi _ _ _ _ _ petit chien, *Duc*.

Les nombres

Exercice 10

Complete the puzzle using the numbers below.

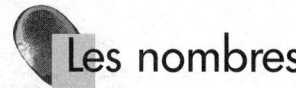

3   11   6   30   110   20   65   62   15   50   8   7000

Q
U
I
N
Z
E

Write the following dates.

a) In numbers.

Mille cinq cent quinze : _

Mille neuf cent trente-six : _ _ _ _ _ _ _ _ _ _ _ _ _ _ _

Mille quatre cent quatre-vingt-douze : _ _ _ _ _ _ _

Mille douze : _

b) In letters.

1789 : _

1945 : _

1998 : _

2001 : _

Find the times mentioned in the dialogues.

1. _ _ _ h _ _ _   **3.** _ _ _ h _ _ _   **5.** _ _ _ h _ _ _

2. _ _ _ h _ _ _   **4.** _ _ _ h _ _ _

Outils   Exprimer ses goûts

Livre de l'élève pages 32 et 33

Listen to this child, and classify the musical instruments from less (-) liked to more (+) liked.

le violon – le violoncelle – le piano – la trompette – la guitare

_ _ _ _ _ ‹ _ _ _ _ _ ‹ _ _ _ _ _ ‹ _ _ _ _ _ ‹ _ _ _ _ _

Read the sentences, and mark the correct box.

	déteste	aime bien	adore
1. Le rap, c'est vraiment bien !	☐	☐	☐
2. Les films italiens ? Ouais, j'aime bien…	☐	☐	☐
3. Beurk ! C'est pas bon !	☐	☐	☐
4. Pour moi, le jazz, c'est ex-tra-or-di-naire ! !	☐	☐	☐
5. Pas ce CD, il est nul !	☐	☐	☐
6. Si, j'aime la pizza. Pas de problème !	☐	☐	☐

Exercice 15

Listen and write the first name of each person under the corresponding drawing.
Then, complete the sentences.

1

C'est ....
Il aime ....
....
et il n'aime pas ....
....

2

C'est ....
Elle aime ....
Elle n'aime pas ....
....

3

C'est ....
Il aime ....
et il n'aime pas ....
....

4

C'est ....
Elle aime ....
....
Elle n'aime pas ....
....

phonétique

Le → l', me → m'...

Exercice 16

Use one element from each column to form a sentence.

1. C'	a. appelles comment ?	1. _____
2. Quelle	b. est ton ami ?	2. _____
3. Elle n'	c. va pas à Paris aujourd'hui.	3. _____
4. J'	d. a quel âge, Maria ?	4. _____
5. Tu t'	e. appelle Emma.	5. _____
6. Elle s'	f. est votre nationalité ?	6. _____
7. Elle	g. habite à Bordeaux.	7. _____
8. Il ne	h. aime pas la pluie.	8. _____

Vous avez 1 nouveau message

Livre de l'élève pages 34 et 35

Le pronom on / les verbes en -er

Exercice 17

Complete the sentences using *il*, *elle* or *on*.

1. J'adore les vacances ! En juillet, ___ va au Portugal avec Pierre et Magali.
2. On aime beaucoup Vincent ; ___ est drôle !
3. On habite à Strasbourg et ___ a une jolie maison.
4. ___ est sympa, Flora ?
5. Allo Marie ? ___ mange ensemble ce soir ?
6. Non, Luigi n'a pas 28 ans, ___ a 26 ans !

Exercice 18

Classify the following verbs.

- aimes
- adore
- t'appelles
- travaille
- es
- travailles
- as
- déteste
- rencontre
- habite

je / il, elle, on	tu
-----	-----
-----	-----
-----	-----
-----	-----
-----	-----

24

Exercice 19

Use one element from each column to form a sentence.

1. J'	**a.** est mon amie de Lille.
2. Tu	**b.** est très sympa, ton copain Julien.
3. Léa	**c.** n'aime pas du tout le sport dans ma famille.
4. Je	**d.** n'aimes pas ton travail ?
5. Il	**e.** déteste la télévision.
6. On	**f.** habite à Metz, c'est en France.

1	2	3	4	5	6
- - -	- - -	- - -	- - -	- - -	- - -

Exercice 20

Complete the chart.

	je / j'	tu	il / elle / on
aimer	- - - - -	- - - - -	aime
avoir	- - - - -	as	- - - - -
habiter	habite	- - - - -	- - - - -
être	- - - - -	- - - - -	- - - - -
s'appeler	- - - - -	- - - - -	s'appelle
faire	- - - - -	fais	- - - - -

La télévision

Livre de l'élève
pages 36 et 37

Exercice 21

Complete the sentences using the correct words from those on the right.

magazine   films   chaîne   variétés   émissions   documentaire

1. France 2 est une - - - - - de la télévision française.

2. On peut regarder des - - - - - culturelles, des jeux…

3. On aime le cinéma, alors on regarde des - - - - - .

4. Ce soir, je regarde le - - - - - sur l'Himalaya.

5. Thalassa est le - - - - - de la mer.

6. Moi, j'aime les chansons ; je regarde les émissions de - - - - - .

4
Enquête

Livre de l'élève
pages 42 et 43

Exercice 1

Put the dialogue in the correct order, and check your work with the recording.

a. Après, vous allez prendre le métro et aller au 19 rue Parmentier.

b. Ce n'est pas important, qui je suis.

c. Oui, je peux. Vous allez aller au café de Flore, boulevard Saint-Germain et vous allez poser la question à la serveuse.

d. Vous allez me voir et nous allons parler. Alors, c'est d'accord ?

e. Bon, c'est vrai ? Vous pouvez me dire où est le coupable ?

f. Oui, c'est moi.

g. Écoutez bien… Je sais où est votre coupable.

h. Allo, inspecteur Renard ?

i. Ah bon ! Mais, vous êtes qui ?

j. Euh… Ben, d'accord…

k. Oui… mais après… ?

l. Et je vais faire quoi, rue Parmentier ?

h	--	--	--	--	--	--	--	--	--	--	--

Exercice 2

Listen to the sentences to determine during which month you do the following. You can continue, using your own ideas.

Exemple : Je fête mon anniversaire en février.

- fêter votre anniversaire
- fêter Noël
- aller en vacances
- …

- faire du ski
- faire un cadeau à vos parents
- envoyer une carte à votre ami(e)
- …

Exercice 3

Complete using the correct pronoun: *je, tu, il / elle / on, nous, vous, ils / elles.*

1. - Nous allons au cinéma, ce soir ?
- Oh ! Oui, bonne idée ! _ _ _ _ _ va au cinéma
et après, au restaurant !

2. - Fanny va aller au concert avec vous ?
- Non, _ _ _ _ _ ne peut pas, ses parents
ne sont pas d'accord.
- Ah ? _ _ _ _ _ ne veulent pas ?

3. - Un petit café, Élise ?
- Non merci, _ _ _ _ _ ne veux pas de café.

4. - _ _ _ _ _ peux vous poser une question,
s'il vous plaît ?
- Oui, _ _ _ _ _ pouvez…

5. - _ _ _ _ _ vas où ?
- _ _ _ _ _ vais à Bordeaux pour mon travail.

6. - Il y a du tennis à la télévision.
Vous aimez le tennis ? _ _ _ _ _ regarde ?
- Euh… _ _ _ _ _ n'aimons pas beaucoup
le tennis. _ _ _ _ _ peut regarder un film ?

Exercice 4

Complete the chart with the missing forms.

	aller	pouvoir	vouloir
Pierre	_ _ _ _ _	peut	_ _ _ _ _
je	vais	_ _ _ _ _	veux
ils	_ _ _ _ _	_ _ _ _ _	_ _ _ _ _
tu	_ _ _ _ _	peux	_ _ _ _ _
nous	allons	_ _ _ _ _	_ _ _ _ _
on	_ _ _ _ _	_ _ _ _ _	veut
vous	allez	_ _ _ _ _	_ _ _ _ _

 Outils

Demander à quelqu'un
de faire quelque chose

 **Livre de l'élève
pages 44 et 45**

Exercice 5

Listen and mark the box corresponding to what each person is saying.

1. ☐ Tu veux bien écouter ?
☐ Tu vas bien écouter…
☐ Tu peux bien écouter.

2. ☐ Je vais répondre, s'il te plaît.
☐ Je voudrais répondre, s'il te plaît !
☐ Tu veux bien répondre, s'il te plaît ?

3. ☐ Vous voulez bien m'aider ?
☐ Vous allez m'aider, s'il vous plaît !
☐ Vous pourriez m'aider, s'il vous plaît ?

4. ☐ Allez au café Prune.
☐ Vous allez au café Prune.
☐ Vous allez aller au café Prune.

5. ☐ Vous pourriez épeler, s'il vous plaît ?
☐ Vous voulez épeler, s'il vous plaît ?
☐ Vous allez épeler, s'il vous plaît.

6. ☐ Répète bien ta question, s'il te plaît.
☐ Tu vas bien répéter ta question, s'il te plaît.
☐ Tu veux bien répéter ta question, s'il te plaît ?

Classify your answers from exercise 5.

	demande poliment	demande à quelqu'un de faire quelque chose
1		
2		
3		
4		
5		
6		

Match the phrase from the left hand column with one from the right.

1. Nous avons faim !
2. Je vais à Paris la semaine prochaine.
3. Je ne peux pas faire l'exercice de français.
4. Où est le coupable ?
5. Mon nom ? Pellereau. Yann Pellereau.
6. Vous ne répondez pas ?

a. Va visiter le quartier du Marais !
b. Demandez à l'inspecteur Labille !
c. Épelez, s'il vous plaît !
d. Mais si ! Travaille !
e. Euh… S'il vous plaît, répétez votre question !
f. Mangez du chocolat !

1	2	3	4	5	6
---	---	---	---	---	---

Read the examples, and ask someone to do something.
Exemple 1 : Demandez à votre professeur de répéter. → *Répétez, s'il vous plaît !*
Exemple 2 : Demandez à votre ami Christophe d'aller au Café des Sports. → *Va au Café des Sports !*

1. Demandez à votre amie Louise d'écouter ce CD.
---.

2. Demandez à votre professeur de français de regarder votre exercice.
---.

3. Demandez à vos copains de téléphoner à Marie.
---.

4. Demandez à votre chien de manger.
---.

5. Demandez à votre amie Elsa d'aider Céline.
---.

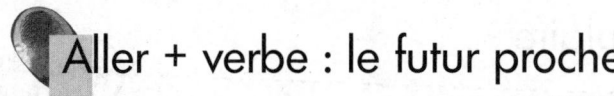

Aller + verbe : le futur proche

a) Make a correct sentence out of each group of words.

1. ne / à / pas / l'école / vais / aller / je / .

---.

2. vous / message / m'envoyer / allez / un / ?

----

3. une / promenade en bateau-mouche / Seine / la / va / sur / faire / on / .

---.

4. apprendre / l'université / elle / le français / va / à / .

---.

b) Use each group of words to make sentences in the future tense.
Exemple : Je / avoir / un beau cadeau / pour mon anniversaire.
Je vais avoir un beau cadeau pour mon anniversaire.

1. Le train / arriver / à 18 h 40 / à Brest.

--.

2. Vous / pouvoir / téléphoner / à Flora ?

--.

3. On / ne pas aller / en France / en 2005.

--.

4. Ils / habiter / à Sydney / l'année prochaine.

--.

Mark the box corresponding to the correct answer.

1. Vous allez visiter Amsterdam ?
- ☐ Oui, j'ai visité Amsterdam.
- ☐ Non, je ne vais pas visiter Amsterdam.
- ☐ Oui, je vais visiter Bruges.

2. Tu vas faire de la natation l'année prochaine ?
- ☐ Oui, de la natation et du piano.
- ☐ Non, je fais du tennis.
- ☐ Oui, j'ai fait de la natation.

3. Nous allons dîner ensemble, ce soir ?
- ☐ Non, on ne va pas dîner ; on a beaucoup de travail.
- ☐ Oui, nous avons dîné ensemble.
- ☐ Oui, on a dîné ensemble.

4. Elle va étudier en Italie ?
- ☐ Oui, elle étudie à Rome.
- ☐ Oui, elle va étudier à Florence.
- ☐ Oui, elle a étudié à Naples.

Vocabulaire

Livre de l'élève
pages 46 et 47

Exercice 11

Match the questions and the answers.

1. Tu veux du jus d'orange ?
2. On regarde le match de tennis ?
3. Bon, on va dormir ?
4. Louis a gagné 2 000 euros au loto.
5. Un petit sandwich ?
6. On va skier ?

a. Euh… Moi, je n'ai pas sommeil.
b. Il a vraiment de la chance !
c. Oh ! Oui merci, j'ai très soif !
d. Moi, non. J'ai froid…
e. Ah, non ! J'ai horreur du sport à la télévision !
f. Non, merci, je n'ai pas faim.

1	2	3	4	5	6
---	---	---	---	---	---

phonétique

La liaison

Exercice 12

Listen and mark the *liaisons*.

Je m'appelle Elisa. Je suis espagnole et j'habite en Italie, à Milan. J'apprends l'italien et le français à l'université. J'ai des amis italiens, français et aussi marocains ou algériens. Mon université est très belle et le travail est intéressant.
J'adore l'Italie mais je suis heureuse quand je rentre en Espagne pour voir ma famille et mes amis. Dans la vie, j'aime le sport, le cinéma et les animaux. J'adore les enfants. Je déteste les émissions de variétés à la télévision et je n'aime pas du tout avoir froid…

Exercice 13

Listen and repeat.

1. ruse – russe
2. casse – case
3. sel – zèle
4. douze – douce
5. les sots – les eaux
6. les îles – les cils
7. ils sont – ils ont
8. ils aiment – ils s'aiment

Exercice 14

Do you hear the sound [s] in the 1st or the 2nd word?
Mark the correct boxes.

	1er mot	2e mot
1	☐	☐
2	☐	☐
3	☐	☐
4	☐	☐
5	☐	☐
6	☐	☐

Vous avez 1 nouveau message

Livre de l'élève
pages 48 et 49

Le, la, les – un, une, des / le pluriel des noms

E x e r c i c e 1 5

Find the words below in the grid (→ ↑ ↓ ←).

bise	*faim*
envie	*musée*
librairie	*quartier*
coupable	*boutique*
chaud	*réponse*
froid	*chance*
restaurant	*soif*
café	*carte*

T	E	M	Q	E	C	N	A	H	C
Z	N	I	U	X	S	E	U	R	L
E	V	A	A	B	O	E	S	I	B
L	I	F	R	O	I	D	B	C	E
B	E	N	T	U	F	R	O	H	S
A	V	K	I	T	A	E	E	A	N
P	C	S	E	I	Z	T	E	U	O
U	A	Q	R	Q	J	R	S	D	P
O	F	I	S	U	O	A	U	E	E
C	E	M	U	E	A	C	M	Y	R

E x e r c i c e 1 6

Put the correct article before each of the following words.

le, la, l', les			un, une, des		
___ musée	___ coupables	___ message	___ bise	___ boutique	___ magasin
___ quartier	___ répondeur		___ question	___ carte postale	
___ adresses	___ boulangère		___ réponses	___ nouvelles	

E x e r c i c e 1 7

Put the underlined words in their singular or plural forms.
Exemple : Il y a <u>des euros</u> sur la table. → *Il y a un euro sur la table.*

1. Boulevard Saint-Germain, il y a <u>des librairies.</u>

-- .

2. Il y a <u>une émission</u> de variétés ce soir à la télévision.

-- .

3. Il y a un <u>message</u> sur mon répondeur.

-- .

4. Dans ma classe, il y a <u>des Mexicains</u> et <u>des Colombiennes.</u>

-- .

5. Il y a <u>des cadeaux</u> pour toi.

-- .

6. Il y a <u>un château</u> en France.

-- .

Listen to Marco, and add the missing articles to the following text.

C'est génial, Paris. J'adore _ Île Saint-Louis et ___ petits cafés du Marais. J'ai mangé dans __ restaurant chinois dans __ quartier de l'Hôtel de Ville et j'ai visité __ magnifique musée d'Orsay. J'ai photographié ___ bateaux-mouches sur __ Seine et demain, je vais voir ___ grands magasins sur ___ grands boulevards. Maintenant, je vais envoyer ___ carte postale à mes parents et ___ lettres à Flora et à mes amis.

Exercice 19

a) Put the underlined word into the plural.

1. Nous avons <u>une amie</u> au Chili. _____ .
2. Tu as <u>le numéro</u> de téléphone de Jeanne ? _____ .
3. Je joue au basket avec <u>l'amie</u> de François. _____ .
4. J'ai <u>un ticket</u> de métro dans ma poche. _____ .
5. Il y a <u>un cybercafé</u> dans ma rue. _____ .

b) Put these sentences into the singular.

1. Tu as <u>les adresses</u> de Mathieu et Ingrid ? _____ .
2. On va au cinéma avec <u>des amis</u>. _____ .
3. Bon, tu as <u>les billets</u> d'avion ? _____ .
4. Je vais photographier <u>les enfants</u> de Marie. _____ .
5. Tu as envoyé <u>des cartes postales</u> ? _____ .

Exercice 20

Put the verbs in parentheses into the past.
Exemple : Tu (habiter) **as habité** *à Paris ?*

1. Vous (visiter) _____ le musée Picasso de Madrid ?
2. Ce matin, j' (parler) _____ une heure avec mon voisin.
3. À Lyon, nous (manger) _____ dans un excellent restaurant.
4. Tu (penser) _____ à moi ?
5. On (écouter) _____ un bon concert de jazz mardi dernier.
6. Lucie (aimer) _____ ton cadeau ?
7. Nous (regarder) _____ vos photos du Viêtnam ; elles sont magnifiques.
8. Jean (téléphoner) _____ à Luce et Didier ?

Exercice 21

Write a dialogue using each one of these expressions.

1. C'est sûr !   **2.** Avoir de la chance.   **3.** C'est génial !

_____   _____   _____

_____   _____   _____

Les fêtes en France

 **Livre de l'élève**
pages 50 et 51

Exercice 22

Look at the calendar on page 51 of your book, and complete these sentences.

1. L'Épiphanie est en _ _ _ _ _ .

2. On fête les *Agathe* en _ _ _ _ _ .

3. Le printemps commence au mois de _ _ _ _ _ .

4. La *Saint Pascal* est le 17 _ _ _ _ _ .

5. La fête de la Pentecôte est en _ _ _ _ _ .

6. Ah ! On est le 21 _ _ _ _ _ et c'est l'été !

7. Au mois de _ _ _ _ _ , c'est la fête nationale française.

8. La fête de tous les *Bertrand* est en _ _ _ _ _ . C'est aussi l'école qui recommence…

Exercice 23

a) Using rhyme as a clue, have some fun matching phrases from each column to form French proverbs associated with months and holidays.

En mars quand il fait beau,   •

Juin bien fleuri,   •

En mai,   •

Pluie de juillet,   •

En avril,   •

À la Saint Séverin,   •

Juillet sans orage,   •

Un mois de janvier sans gelée,   •

• la neige est en chemin.

• eau en janvier.

• vrai paradis.

• famine au village.

• prends ton manteau.

• ne te découvre pas d'un fil.

• n'amène pas une bonne année.

• fais ce qu'il te plaît.

b) Find the proverb corresponding to each drawing.

a.

_ _ _ _ _ _ _ _ _ _ _ _ _ _ _ _
_ _ _ _ _ _ _ _ _ _ _ _ _ _ _ _

b.

_ _ _ _ _ _ _ _ _ _ _ _ _ _ _ _
_ _ _ _ _ _ _ _ _ _ _ _ _ _ _ _

c.

_ _ _ _ _ _ _ _ _ _ _ _ _ _ _ _
_ _ _ _ _ _ _ _ _ _ _ _ _ _ _ _

d.

_ _ _ _ _ _ _ _ _ _ _ _ _ _ _ _
_ _ _ _ _ _ _ _ _ _ _ _ _ _ _ _

5
Invitations

Livre de l'élève
pages 52 et 53

Exercice 1

Write *être* and *avoir* in the correct form.

1. Je ne (être) _ _ _ _ pas français.

2. Vous (avoir) _ _ _ _ des questions ?

3. Marie (avoir) _ _ _ _ 17 ans.

4. Les enfants (être) _ _ _ _ à l'école, ce matin.

5. Nous (avoir) _ _ _ _ de la chance : il fait beau.

6. Vous (être) _ _ _ _ fatiguée ?

7. Tu (avoir) _ _ _ _ du jus de fruit ?

8. Elles (avoir) _ _ _ _ soif.

Exercice 2

Complete the sentences with the correct form of *être* and *avoir*.

1. Excusez-moi, vous _ _ _ _ français ?

2. Eh ! Marielle, il _ _ _ _ 10 heures !

3. Excuse-moi, tu _ _ _ _ un euro, s'il te plaît ?

4. Oh là là, nous _ _ _ _ fatigués !

5. Tu _ _ _ _ de la chance !

6. Elles _ _ _ _ étudiantes ?

7. Ils _ _ _ _ envie d'aller au restaurant *La Louisiane*.

Exercice 3

Cross out the incorrect verb.

1. - Tu [vas / viens] ? Il est huit heures !
   - Oui, j'arrive !

2. - Tu veux [aller / venir] ? Je [vais / viens]
   au supermarché.
   - Oh, bah oui ! Pourquoi pas !

3. - Ah bon, vous n'êtes pas français !
   - Non, non.
   - Mais vous parlez bien français.
   Vous [allez / venez] d'où ?

4. - Bon, alors, où est-ce qu'on [va / vient] ?
   - Chez Julien.

5. - Tu restes ici ce week-end ?
   - Non, je [vais / viens] à Orléans.

6. - Mon amie canadienne, Lisa, [va / vient]
   ici au mois de juillet.

Exercice 4

Write the correct forms of the verbs in parentheses.

1. Demain, nous (aller) _ _ _ _ à Chenonceau, pour visiter le château. Vous (venir) _ _ _ _ avec nous ?

2. Oui, demain, je suis libre. À quelle heure tu (venir) _ _ _ _ ?

3. Les enfants (aller) _ _ _ _ à la piscine le mercredi et à la patinoire, le samedi.

4. Oui, ce sont des étrangers. Ils (venir) _ _ _ _ de Chine ou du Japon, je ne sais pas.

5. Où est-ce qu'ils (aller) _ _ _ _ en vacances ?

6. Amélie ne (venir) _ _ _ _ pas avec nous ?

7. Bon, alors, où est-ce que tu (aller) _ _ _ _ ?

Exercice 5

Complete the sentences with the correct forms of *aller* or *venir*.

Exemples : Je _____ chez toi ? → *Je vais chez toi ?*   Tu _____ chez moi ? → *Tu viens chez moi ?*

1. - Tu fais quoi, ce week-end ?
- Je _____ à Strasbourg. Tu veux _____ ?

2. - Non, Julien n'est pas là.
- À quelle heure il _____ ?
- À 10 heures.

3. - Vous êtes hongrois ? Vous _____ de quelle ville ?
- De Vezprém.

4. - On _____ où ?
- Dans un petit restaurant espagnol.

5. - Tu vas chez Sophie demain ?
- Non, je ne peux pas : je _____ au théâtre avec Thomas.

6. - Bon, alors, tu _____ ? Il est huit heures !
- Oui, une minute. J'arrive.

Exercice 6

Complete the sentences using *chez* or *avec*.

1. - Tu vas à Rouen ? Je peux aller _____ toi ?
- Euh… eh bien ! Marie vient _____ moi. Alors, tu comprends…

2. - Vous allez dormir à l'hôtel ?
- Non, on va aller _____ des amis.

3. - Et le chien va à Tahiti _____ vous ?
- Non. Le chien, il va rester ici, à la maison.

4. - Qu'est-ce qu'on fait samedi ?
- Tu as oublié ? On va _____ Alexandra ! Elle fait une fête pour son anniversaire.

Exercice 7

Replace the underlined words with *lui, elle, eux* or *elles*.

1. - Bah, où est-ce que Julien va dormir ?
- J'ai demandé à Monsieur et Madame Lebrun : il peut dormir chez <u>Monsieur et Madame Lebrun.</u>

2. - Je veux parler à votre fils.
- Bon, eh bien, je vais venir avec <u>mon fils</u> demain matin.

3. - Tu vas à Dijon ? Tu vas voir Marie ?
- Oui, je vais chez <u>Marie</u> vendredi matin.

4. - Tu vas voir Coralie et Élodie cette semaine ?
- Oui, je vais travailler avec <u>Coralie et Élodie</u> mercredi matin.

5. - Où est-ce qu'on va retrouver Benoît ? Au cinéma ?
- Non, on va chez <u>Benoît</u> !

Exercice 8

Match the sentences on the left with those on the right.

1. Je vais voir *Le Pianiste* demain à huit heures.

2. Tu connais bien Marie ?

3. Louise, tu vas travailler avec Léa et Julie, d'accord ?

4. Tu sais que Marc veut te voir ?

5. Et on se retrouve où ?

6. M. et Mme Jolivet ont invité Catherine à dîner.

7. Je vais à Besançon jeudi.

a. Ah bon ! Et quand est-ce qu'elle va chez eux ?

b. Bah, chez moi ! À sept heures, d'accord ?

c. Est-ce que je peux aller au cinéma avec toi ?

d. Moi, aussi. Je prends ma voiture, viens avec moi !

e. Non, je ne veux pas être avec elles.

f. Oui, je sais, je vais chez lui demain.

g. Oui, mais je ne suis jamais allé chez elle.

1 - c   2 - ___   3 - ___   4 - ___   5 - ___   6 - ___   7 - ___

Write sentences using each of the following words. Use a different verb in each sentence.
Exemple : chez moi → Tu veux venir chez moi ?

1. avec nous → _

2. chez lui → _

3. avec elles → _

4. chez vous → _

5. avec moi → _

6. chez toi → _

Outils — L'heure et la date

Livre de l'élève pages 54 et 55

Exercice 10

What time is it? Write the time in words.
Exemple : 9 h 25 = neuf heures vingt-cinq

7 h 45 = _
ou = _

11 h 30 = _
ou = _

12 h 15 = _
ou = _

14 h 10 = _
ou = _

18 h 20 = _
ou = _

23 h 50 = _
ou = _

Exercice 11

What time is it? Write the time in numbers.
Exemple : huit heures dix = 8 h 10

1. onze heures quarante = _ _ _ _ _

2. midi moins dix = _ _ _ _ _

3. six heures moins le quart = _ _ _ _ _

4. vingt-deux heures quinze = _ _ _ _ _

5. minuit et demie = _ _ _ _ _

6. quatorze heures = _ _ _ _ _

7. dix-sept heures vingt-sept = _ _ _ _ _

Exercice 12

Listen and write the time (in words).

1. _ _ _ _ _ _ _ _ _ _ _ _ _ _ _ _ _ _

2. _ _ _ _ _ _ _ _ _ _ _ _ _ _ _ _ _ _

3. _ _ _ _ _ _ _ _ _ _ _ _ _ _ _ _ _ _

4. _ _ _ _ _ _ _ _ _ _ _ _ _ _ _ _ _ _

5. _ _ _ _ _ _ _ _ _ _ _ _ _ _ _ _ _ _

6. _ _ _ _ _ _ _ _ _ _ _ _ _ _ _ _ _ _

7. _ _ _ _ _ _ _ _ _ _ _ _ _ _ _ _ _ _

8. _ _ _ _ _ _ _ _ _ _ _ _ _ _ _ _ _ _

Exercice 13

Listen and write (in words), the time you hear.

1. - Le film commence à quelle heure ?
   - À _ .

2. - À quelle heure on part ?
   - À _ _ _ _ _ _ _ _ _ _ _ _ _ _ _ _ _ _ , d'accord ?

3. - Alors, tu peux venir ?
   - Non, à _ _ _ _ _ _ _ _ _ _ _ _ _ _ _ _ , j'ai un cours.

4. - On se retrouve à quelle heure ?
   - À _ _ _ _ _ _ _ _ _ _ _ _ _ _ , devant le théâtre ?

5. - Ton avion arrive à quelle heure ?
   - À _ .

6. - Excusez-moi, vous avez l'heure s'il vous plaît ?
   - Oui, bien sûr, il est... euh...
   _ .

7. - Tu finis ton travail à quelle heure ?
   - À _ .

Exercice 14

Look at the clocks, and write the time (in words).

------   ------   ------   ------   ------

Exercice 15

Transform the following sentences, as in the example.
Exemple : [14 juin] Je vais à Lille. → Je vais à Lille le 14 juin.

1. [février] Je vais faire du ski.

2. [17 mai] Marina veut faire une fête chez elle.

3. [lundi] Vous pouvez venir ?

4. [10h15] Mon avion arrive à Osaka.

5. [samedi 4 août] Ils vont se marier.

6. [juin] J'ai des examens.

7. [dimanche] On va chez Caroline.

8. [18 octobre 2001] Ömür est arrivé en France.

Exercice 16

Listen and write the date and the time (in numbers).

1. Date : _____   Heure : _____

2. Heure : _____

3. Date : _____   Heure : _____

4. Date : _____   Heures : _____

5. Heure : _____

6. Date : _____

Exercice 17

A The departure board is missing some information. Ask your partner questions, and write his or her answers on the board.

HEURE	VOL N°	DESTINATION	TERMINAL
15 H 15	KL 1240	_____	1
15 H 20	KE 835	SÉOUL	2C
15 H 40	AY 874	_____	2D
_____	AF 1798	HELSINKI	2D
15 H 55	AF 1110	_____	2F
_____	CA 950	CHANGHAI PU DONG	1
16 H 25	LH 5737	FRANKFORT	2E
16 H 50	IB 1245	MADRID	1
17 H 25	CO 10	_____	2C
_____	GN 648	LIBREVILLE	1
19 H 25	AF 1262	STOCKHOLM ARLAND	2F
19 H 35	NW 8350	AMSTERDAM	1
_____	SU 911	_____	1

B

HEURE	VOL N°	DESTINATION	TERMINAL
15 H 15	KL 1240	AMSTERDAM	1
---------	KE 835	---------	2C
15 H 40	AY 874	HELSINKI	2D
15 H 40	AF 1798	---------	2D
15 H 55	AF 1110	HAMBOURG	2F
16 H 05	CA 950	CHANGHAI PU DONG	1
---------	LH 5737	FRANKFORT	2E
---------	IB 1245	MADRID	1
---------	CO 10	MIAMI	2C
17 H 50	GN 648	---------	1
---------	AF 1262	STOCKHOLM ARLAND	2F
19 H 35	NW 8350	---------	1
20 H 10	SU 911	MOSCOU	1

Prendre / Fixer un rendez-vous

Exercice 18

Listen to the dialogue, and complete Victor Marchand's agenda.

MARDI 13 Semaine 10

7 heures -------------	14 heures -------------
8 heures -------------	15 heures -------------
9 heures -------------	16 heures -------------
10 heures -------------	17 heures -------------
11 heures -------------	18 heures -------------
12 heures -------------	19 heures -------------
13 heures -------------	20 heures -------------

Exercice 19

Madame Raynaud is ill. She telephones a doctor. Complete the dialogue.

L'assistante : *Cabinet du Docteur Loury.*
Bonjour.

Mme Raynaud : ------------------------- .

L'assistante : *Oui, quel jour ?*

Mme Raynaud : ------------------------- .

L'assistante : *Demain, à 14 h 30 ?*

Mme Raynaud : ------------------------- .

L'assistante : *Ah, le matin ?*

Mme Raynaud : ------------------------- .

L'assistante : *Alors, à 10 h 30 ? Ça va ?*

Mme Raynaud : ------------------------- .

L'assistante : *Bon, alors, demain, mardi,*
à 10 h 30, vous êtes Madame ?

Mme Raynaud : ------------------------- .

L'assistante : *Bien, c'est noté Madame Raynaud.*

Mme Raynaud : ------------------------- .

L'assistante : *Au revoir, Madame Raynaud.*

Exercice 20

You have five messages on your answering machine. Listen and complete the chart.

messages	numéros de téléphone	heures d'appel	informations
1			
2			
3			
4			
5			

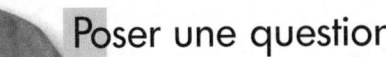
Poser une question

Livre de l'élève
pages 56 et 57

Exercice 21

Transform the following questions. Write the questions using *est-ce que*.
Exemple : Tu habites à Bordeaux ? → *Est-ce que tu habites à Bordeaux ?*

1. Il s'appelle comment ?

-- .

2. Nous arrivons à quelle heure ?

-- .

3. Mathilde est mariée ?

-- .

4. Tu veux venir chez moi ?

-- .

5. Où on peut aller ?

-- .

6. Tu vas à Lyon quand ?

-- .

7. On va manger où ?

-- .

Exercice 22

Transform the questions. Write the questions without using *est-ce que*.
Exemple : Est-ce que tu habites à Bordeaux ? → *Tu habites à Bordeaux ?*

1. À quelle heure est-ce qu'on arrive ?

-- .

2. Est-ce qu'il est français ?

-- .

3. Comment est-ce que vous vous appelez ?

-- .

4. Est-ce que Véronique est malade ?

-- .

5. Où est-ce qu'on se retrouve ?

-- .

6. Est-ce que tu connais Marco ?

-- .

7. Quand est-ce que tu vas voir Marielle ?

-- .

Exercice 23

Find the questions.
Exemple : - Il arrive quand ? **ou** *Quand est-ce qu'il arrive ?*
     - Mardi

1. - _____ ? ou _____ ?
   - Non, il est italien.

2. - _____ ? ou _____ ?
   - À l'école.

3. - _____ ? ou _____ ?
   - Ce soir.

4. - _____ ? ou _____ ?
   - On ferme à 19 heures.

5. - _____ ? ou _____ ?
   - Non, elle ne veut pas venir.

6. - _____ ? ou _____ ?
   - Non, trois.

Inviter : proposer – accepter / refuser

Exercice 24

Isabelle telephones Alexandra. Use the following sentences to write a dialogue.

- C'est d'accord ?
- Ça marche.

- Ça te dirait d'aller
  à la patinoire avec Léa ?

- Tu fais quoi samedi soir ?
- Tu veux venir chez moi ?

Exercice 25

Use each of these sentences in a short dialogue.

1. Ça ne me dit rien.

----

2. Je t'invite !

----

3. C'est insupportable !

----

4. On se retrouve où ?

Exercice 26

You receive a message from a friend: *Au mois de juillet, pendant les vacances, j'aimerais venir chez toi.* You write a message to your friend telling him that he can't come to your house in July, and you explain why.

Exercice 27

You've received the following two invitations. Answer each of them, accepting one and refusing the other.

Association des Sports de la Loire
12, rue des Peupliers
58 000 Nevers

Chers amis,
C'est bientôt le mois de juin et la fin de la saison pour notre société. Avant les vacances, nous organisons, comme chaque année, un pique-nique avec les membres et leur famille.
Le pique-nique aura lieu cette année le 17 juin, à 12 heures, dans le parc du Château Colbert.

Merci de nous répondre rapidement.

Cordialement,

Claude Rabine

Chers amis,

Le samedi 17, c'est l'anniversaire de Julie.
Je veux organiser une fête surprise chez moi,
à partir de 20 heures.
Je voudrais inviter tous les amis de Julie
et tous mes amis.
Vous venez ?

Merci de ne pas parler de cette fête avec Julie !

Bises,

Adrien

Vous avez 1 nouveau message

Exercice 28

Camille has sent an invitation to Sébastien. The sentences of the two messages got mixed up.
Find Camille's sentences and Sébastien's, and write the two messages correctly.

*Ah, oui, c'est une soirée déguisée et le thème
est : Victor Hugo (tu peux venir en Quasimodo !).
Bises,
Bises,
Ça te dirait de venir ?
Camille
Cher Sébastien,
Chère Camille,
Est-ce qu'il y a un bus le soir ?
Est-ce que tu peux apporter quelque chose à
manger et quelque chose à boire ?
J'espère que tu vas venir.*

*Je fais une petite fête le 14 avec Valérie, Audrey,
François et les autres.
Je veux bien me déguiser en Quasimodo, si toi
tu es Esmeralda !
La fête est chez François (ses parents ont une
grande maison !) à partir de 20 heures.
Mais il habite où, François ?
Merci pour ton invitation pour le 14.
Pas de problème, je viens.
Sébastien
J'apporte un jus de pomme et un gâteau au
chocolat, ça va ?*

Cher Sébastien, _____

_____

_____

_____

_____

Chère Camille, _____

_____

_____

_____

_____

Penser / Espérer

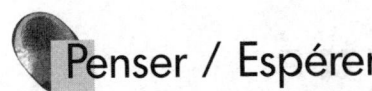

Exercice 29

Imagine the continuation of these dialogues.

1. - Tu fais quoi ce week-end ?
  - Je pense que…

2. - Léa n'est pas venue à l'école ce matin ?
  - Ah, bon ! J'espère que…

3. - C'est un bon film, non ?
  - Je pense que…

4. - Julie va partir trois mois au Cameroun.
  - J'espère que…

Savoir / Connaître

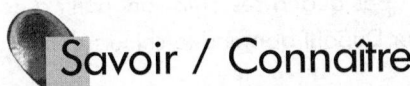

Exercice 30

Complete the sentences using the correct forms of *connaître* or *savoir*.

1. Tu _____ à quelle heure le train arrive ?

2. Vous _____ Madame Martineau ? Elle habite
au cinquième.

3. Vous _____ que l'école est fermée demain ?

4. Ah, François, tu _____ ma femme, Béatrice…

5. Il ne _____ pas beaucoup le problème.

6. Dominique ne _____ pas utiliser un ordinateur.

7. Oui, mais Madame Lebrun ne va pas _____
l'heure de son arrivée.

Transform these sentences as in the examples.

Exemples : [Elle habite où ?] Je ne sais pas _____ → Je ne sais pas où elle habite.
[Lucie est malade.] Tu sais _____ ? → Tu sais que Lucie est malade ?

1. [Le téléphone ne marche pas.]
Tu sais _____?

2. [À quelle heure arrive le vol AF 425 de Montréal ?]
Vous savez _____?

3. [Le directeur n'est pas content.]
Il sait _____.

4. [Il va dormir où ?]
Je ne sais pas _____.

5. [Tu vas partir en Australie.]
Est-ce que ta mère sait _____?

6. [Comment elle s'appelle ?]
Vous savez _____?

7. [On va partir quand ?]
On ne sait pas _____.

Write the correct form of the verbs in parentheses.

1. Non, je suis désolé, nous ne (savoir) _____ pas où il (être) _____ .

2. On (aller) _____ chez Julie. Vous (venir) _____ avec nous ?

3. Ils (connaître) _____ la Vendée : ils (avoir) _____ une petite maison près de Saint-Jean-de-Monts.

4. Elles (être) _____ quatre et elles ne (savoir) _____ pas où elles (pouvoir) _____ manger.

5. Nous ne (connaître) _____ pas beaucoup la France. Nous (être) _____ italiens.

phonétique

Les lettres finales

Listen to the sentences, and cross out the final letters that are not pronounced.
Exemple : Rayez les lettres finales qu'on ne prononce pas.

1. Tu sais qu'elles sont malades.
2. Il y a des œufs dans le frigo.
3. Tu vas venir avec nous, d'accord ?
4. Il ne sait pas quand ses amis vont partir à Bordeaux.
5. Monsieur Dupont apprend le chinois dans un institut.

Listen and mark the correct box.

	1	2	3	4	5	6	7	8
[ʃ] (*chercher*)	☐	☐	☐	☐	☐	☐	☐	☐
[ʒ] (*jouer*)	☐	☐	☐	☐	☐	☐	☐	☐

Les sorties des Français

Livre de l'élève
pages 60 et 61

Exercice 35

A The following show schedule is missing some information. Ask your partner questions, and write his or her answers in the schedule.

À L'AFFICHE...

MER 17	Théâtre	**La petite cuisine** - Théâtre Juin - _____
	Danse	**Ballet de Zagreb** - Centre de danse contemporaine - 20 h 30
JEU 18	Théâtre	**La petite cuisine** - Théâtre Juin - _____
	Jazz	**Quintette Tom Harrell** - _____ - 20 h 30
	Théâtre	**Je sais qu'elle m'aime** - Théâtre du Marais - 20 h 30
VEN 19	Enfants	**Oh là là, quelle histoire !** - _____ - 18 h 30
	Théâtre	**Je sais qu'elle m'aime** - Théâtre du Marais - 20 h 30
	Chanson	**Corine** - _____ - _____
SAM 20	Théâtre	**Minuit moins le quart** - Théâtre du Marais - 20 h 30
	Opéra	**Carmen** - Grand théâtre - 20 h 30
	Chanson	**Alexis HK** - _____ - 21 heures
	Rock	**Wampas** - _____ - _____

À L'AFFICHE...

MER 17	Théâtre	**La petite cuisine** - _____ - 19 h 30
	Danse	**Ballet de Zagreb** - Centre de danse contemporaine - 20 h 30
JEU 18	Théâtre	**La petite cuisine** - _____ - 19 h 30
	Jazz	**Quintette Tom Harrell** - Grand théâtre - 20 h 30
	Théâtre	**Je sais qu'elle m'aime** - Théâtre du Marais - _____
VEN 19	Enfants	**Oh là là, quelle histoire !** - Théâtre de la ville - _____
	Théâtre	**Je sais qu'elle m'aime** - _____ - _____
	Chanson	**Corine** - Le Chabada - 21 heures
SAM 20	Théâtre	**Minuit moins le quart** - Théâtre du marais - _____
	Opéra	**Carmen** - _____ - 20 h 30
	Chanson	**Alexis HK** - Le Chabada - _____
	Rock	**Wampas** - l'Okapi - 21 heures

B The following show schedule is missing some information. Ask your partner questions, and write his or her answers in the schedule.

6

À table !

Livre de l'élève
pages 62 et 63

Exercice 1

Reread the text *Qu'est-ce que les Européens mangent ?*, **and complete the text below with the following words.**
cuisine – amuse-gueules – steak-frites – en-cas – vin – pâtes – bars – frites – bière

Les Français adorent le _ _ _ _ _, alors que les Italiens préfèrent les _ _ _ _ _.
Les Espagnols mangent beaucoup d'_ _ _ _ dans les _ _ _ _ à tapas.
Les Allemands mangent souvent des _ _ _ _ dans la rue et les Belges se régalent avec les _ _ _ _ _.
Les Français boivent beaucoup de _ _ _ _ alors que les Allemands préfèrent la _ _ _ _.
Partout, on aime se régaler avec la _ _ _ _ étrangère.

Exercice 2

Find the "intruder" in each series of words, and cross it out.
Exemple : cyclisme – ~~cinéma~~ – basket-ball – ski

1. salade – en-cas – cuisine – amuse-gueule
2. bar – friterie – restaurant – pâtes
3. frites – vin – bière – thé
4. pastilla – nems – steak-frites – riz cantonais

Exercice 3

Complete the chart.

	je / j'	tu	il / elle / on	nous	vous	ils / elles
apprendre	apprends	_ _ _ _ _	_ _ _ _ _	_ _ _ _ _	apprenez	_ _ _ _ _
manger	_ _ _ _ _	_ _ _ _ _	_ _ _ _ _	mangeons	_ _ _ _ _	mangent
choisir		choisis	_ _ _ _ _		_ _ _ _ _	_ _ _ _ _
entendre	_ _ _ _ _	_ _ _ _ _	entend	_ _ _ _ _	_ _ _ _ _	_ _ _ _ _
boire	_ _ _ _ _	_ _ _ _ _				boivent
comprendre	comprends	_ _ _ _ _	_ _ _ _ _	_ _ _ _ _	_ _ _ _ _	_ _ _ _ _
lire	_ _ _ _ _	lis	_ _ _ _ _	lisons		_ _ _ _ _

Exercice 4

Transform the questions using *est-ce que.*
Exemple : Tu veux manger quoi ? → *Qu'est-ce que tu veux manger ?*

1. Vous partez quand à Londres ?
- -

2. Tu vas comment, à la piscine ?
- -

3. Il habite où, Louis ?
- -

4. Bon, on fait quoi, ce soir ?
- -

5. Tu pars à quelle heure, vendredi ?
- -

6. Tu prends quoi, de la viande ou du poisson ?
- -

7. Vous allez où en vacances ?
- -

8. Elle a dit quoi, ta mère ?
- -

Exercice 5

Ask questions using *qu'est-ce que*.

1. _____

J'aime le théâtre, la lecture et le sport. Et toi ?

2. _____

Je vais chez Ali avec Élodie. On va faire les exercices de français ensemble.

3. _____

Euh… Un jus d'orange. Euh, non ! Un café !

4. _____

On va voir *Être et Avoir*. Je crois que c'est un beau film.

5. _____

Ah ! Moi, je déteste le froid et la pluie.

Outils — Exprimer un avis

Livre de l'élève pages 64 et 65

Exercice 6

Listen to these opinions, and say whether they are positive or negative.

Critiques positives :
nos _____ .

Critiques négatives :
nos _____ .

Exercice 7

Read these sentences, and express a completely different opinion.
Exemple : J'ai adoré le film d'hier soir ! → Moi, je trouve qu'il est nul ! J'ai détesté ce film !

1. À mon avis, c'est ennuyeux de passer deux heures au restaurant.

_____ .

2. Moi, je déteste manger dans les bars !

_____ .

3. Ah ! Moi aussi, je trouve que le poisson est délicieux !

_____ .

4. Je pense que ce n'est pas bon de boire beaucoup de café.

_____ .

5. Comme c'est sympa de manger un en-cas dans la rue !

_____ .

6. Je trouve que le vin est bon pour la santé.

_____ .

Combien ?

Exercice 8

Answer the questions in complete sentences.

1. Il y a combien de personnes dans votre classe ?

_____ .

2. Il y a combien d'enfants dans votre famille ?

_____ .

3. Dans votre ville, il y a combien d'habitants ?

_____ .

4. Cette année, il y a combien de jours ?

_____ .

5. En général, vous lisez combien de livres par mois ?

_____ .

Complete the questions using *combien* or *combien de (d')*.

1. - Vous êtes _ _ _ _ _ enfants dans ta famille ?
- Deux : mon frère Toufik et moi.

2. - Tu as _ _ _ _ _ ?
- Pas beaucoup : 2,50 euros.

3. - _ _ _ _ _ steak-frites est-ce que vous voulez ?
- Un pour moi et un poisson pour mon amie.

4. - Il gagne _ _ _ _ _ , ton père ?
- Je pense qu'il gagne 2 000 euros par mois.

5. - C'est _ _ _ _ _ la bouteille de champagne ?
- 24,50 euros.

6. - Tu as _ _ _ _ _ bouteilles de champagne ?
- J'en ai 12.

Listen and note below how the person asks what the price is in each situation.

Il / elle coûte (a coûté) combien ? : situation(s) n° _ _ _ _ _

Le prix, s'il vous plaît ? : situation(s) n° _ _ _ _ _ _ _ _ _ _ _ _

C'est combien ? : situation(s) n° _ _ _ _ _ _ _ _ _ _ _ _ _ _ _

Ça fait combien ? : situation(s) n° _ _ _ _ _ _ _ _ _ _ _ _ _

Il / elle fait combien ? : situation(s) n° _ _ _ _ _ _ _ _

Ça coûte combien ? situation(s) n° _ _ _ _ _ _ _ _ _ _ _

Complete these short dialogues.

1. - Alors, je vais prendre un kilo de pommes, deux kilos de bananes et aussi une belle salade.
_ ?
- Alors, 3 et 5,60… plus 1,10.
_ _ _ _ _ _ _ _ _ _ _ _ _ _ _ _ 9,70 euros, s'il vous plaît.

2. - _ ,
la jolie lampe sur la table ?
- 18 euros. Il y a aussi la grande ici à 26 euros.

3. - _ , ça ?
- Euh… 20 euros, mademoiselle. Vous le prenez ?
- Oui !

4. - J'aime bien ce pantalon.
_ ?
- Je vais vous dire ça…

5. - _ ?
- Ce n'est pas cher : 10 euros !

Exprimer la quantité

Livre de l'élève
pages 66 et 67

Complete the sentences using *le, la, l', les, du, de la* or *de l'*.

1. Non, merci, je n'aime pas _ _ _ _ _ vin.

2. Il y a _ _ _ _ _ eau dans le frigo ?

3. À l'école, on a mangé _ _ _ _ _ poisson.

4. Tu as fait _ _ _ _ _ couscous ! J'adore _ _ _ _ _ couscous !

5. Tu as aimé _ _ _ _ _ pastilla, hier soir ? C'est bon, non ?

6. Prends _ _ _ _ _ bière. Yves vient et il n'aime pas _ _ _ _ _ vin, il boit toujours _ _ _ _ _ bière.

7. Maria déteste _ _ _ _ _ café, alors je dois penser à préparer _ _ _ _ _ thé.

8. Vous voulez _ _ _ _ _ eau minérale ou _ _ _ _ _ jus de fruit ?

Exercice 13

Complete the sentences using the following list of words.

le lait - le café - le thé - l'eau - le pain - le beurre - la confiture

Le matin, au petit déjeuner, je prends toujours de l'_____ pour commencer et après, je bois du _____ avec du _____ et je mange du _____ avec de la _____ . Je n'aime pas le _____ .

l'amour - la chance - l'amitié - le travail - l'argent

La belle vie, c'est quoi ? Du _____ , de l' _____ et de belles vacances. Avoir de l' _____ , c'est bien aussi !

la natation - le cyclisme - le judo - l'athlétisme - la gymnastique

J'aime beaucoup la _____ et le _____ . Je fais de l'_____ et de la _____ et mon amie Luce fait du _____ .

Exercice 14

Cross out the noun(s) in each group that cannot be used.

Exemple : Je voudrais du (pain − eau − poisson).

1. Vous voulez boire de la (bière − café − eau) ?
2. Donnez-moi du (poisson − viande − frites), s'il vous plaît.
3. Pour de bonnes vacances, il faut de l' (air pur − amour − soleil).
4. Cette année, je fais du (piano − théâtre − informatique).

Beaucoup de café, un verre d'eau...

Exercice 15

Look at the drawing. Match one element from each column, and write what each part of the drawing represents.

un morceau •   • eau
un verre •   • fromage
une tasse •   • café
un kilo •   • thé
un litre •   • oranges
un paquet •   • bière

1. _____ .   **4.** _____ .
2. _____ .   **5.** _____ .
3. _____ .   **6.** _____ .

Exercice 16

a) Look closely at the drawing, and complete
the list with the two missing items.

un verre de coca,
un litre de lait,
une part de gâteau,
un kilo d'abricots,
une bouteille d'eau,
_ _ _ _ _ ,
_ _ _ _ .

b) Look closely at the drawing, and cross out the two
extraneous items on the list below.

un sachet de thé, une boîte d'allumettes, un paquet de café,
une canette de jus d'orange, une tranche de jambon, une
bouteille d'eau, un morceau de gâteau, un paquet de
gâteaux secs, un verre de jus d'orange, une tasse de thé.

Exercice 17

Complete the sentences using *peu de (d')* or *un peu de (d')*.

1. Il y a _ _ _ _ _ élèves dans la classe
de Paul ; ils sont sept !

2. Mon café n'est pas bon, je vais mettre
_ _ _ _ _ sucre.

3. J'ai _ _ _ _ _ livres en français. J'en ai deux.

4. Vous faites _ _ _ _ _ informatique à l'école ?

5. C'est un bon travail, il y a _ _ _ _ _ fautes.

6. Si tu veux, tu peux prendre _ _ _ _ _ jus de
tomate, c'est excellent !

7. Vous voulez _ _ _ _ _ pain avec votre fromage ?

8. Ce soir, il y a _ _ _ _ _ émissions
intéressantes à la télévision.

Exercice 18

Listen. Then, cross out the words that do not correspond to the recording.

1. Elle a (trop – peu – un peu) de travail.

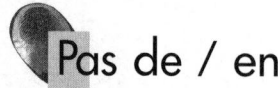

Pas de / en

2. Il y a (trop – un peu – assez) de sucre.

3. Ils ont (peu – beaucoup – un peu) d'argent sur eux.

4. Il aime (bien – beaucoup – peu) le jazz.

Exercice 19

Answer the following questions negatively. *Exemples :* - *Tu aimes la bière ?* → *Non, je n'aime pas la bière.*
- *Tu veux de l'eau ?* → *Non, je ne veux pas d'eau.*

1. Ils prennent du café ?

_ .

2. Tu as de l'argent ?

_ .

3. Tu as lu le livre de Bernadette Chirac ?

_ .

4. Une cigarette ?

_ .

5. Elle a des enfants, ta sœur ?

_ .

6. Tu connais le nouveau magasin, rue des Plantes ?

_ .

7. Vous avez assez d'informations pour comprendre ?

_ .

8. Ils ont vu des lions en Tanzanie ?

_ .

Exercice 20

Imagine the questions for the following answers.

Exemple : Il a de l'argent ?
  Oui, il en a beaucoup.

1. - _____
  - J'en voudrais un kilo.

2. - _____.
  - Ah ! Non, je n'en ai pas. Désolé…

3. - _____.
  - Je n'en bois pas ; j'ai horreur du vin !

4. - _____.
  - Dans les crêpes ? Ah, oui ! Elle en met 200 grammes.

5. - _____
  Non merci, je n'en veux pas.

6. - _____.
  - Oui, on en a deux.

Exercice 21

Modify these questions by replacing the underlined element with the correct pronoun.

Exemple : - Vous voulez manger un petit en-cas ?
  - Non, non, je n'ai pas envie d'un en-cas.
  → - Non, non, je n'en ai pas envie.

1. - Tu connais le couscous ?
  - Je connais le nom, mais je n'ai jamais mangé de couscous.
  → _____ .

2. - Est-ce que vous avez une proposition à nous faire ?
  - Non, désolé. Je n'ai pas de proposition.
  → _____ .

3. - Vous faites du sport ?
  - Je n'ai pas le temps. Je ne fais pas beaucoup de sport.
  → _____ .

4. - On boit de la bière dans votre pays ?
  - Non, on boit peu de bière ; on aime surtout le vin.
  → _____ .

5. - Il a de l'argent, Antoine, pour acheter ce DVD ?
  - Non, il n'a pas assez d'argent mais il ne veut pas m'écouter !
  → _____ .

6. - Est-ce que tu as des amis en France ou dans un pays francophone ?
  - Oui, j'ai deux amis en Belgique et une amie au Québec.
  → _____ !

7. - Tu as une voiture ?
  - Non, je n'ai pas de voiture. J'ai un vélo !
  → _____ .

Exercice 22

Choose the correct answer(s).

1. Vous buvez du café ?
  ☐ Oui, je le bois.
  ☐ Non, je n'en bois pas.
  ☐ Non, je ne le bois pas.

2. Tu as des vacances bientôt ?
  ☐ Non, je n'ai pas de vacances.
  ☐ Non, je ne les ai pas bientôt.
  ☐ Oui, j'en ai en juillet.

3. Tu as regardé le film hier soir ?
  ☐ Oui, j'en ai regardé.
  ☐ Non, je ne l'ai pas regardé.
  ☐ Non, je n'en ai pas regardé.

4. Il y a des restaurants à Villeperdue ?
  ☐ Non, il n'y en a pas.
  ☐ Non, je ne les connais pas.
  ☐ Il y en a deux.

5. Tu as beaucoup d'amis au Mexique ?
  ☐ Non, j'en ai trois.
  ☐ Oui, je les ai.
  ☐ Ah ! Oui, beaucoup !

6. Il y a combien de personnes dans cette école ?
  ☐ Il y en a beaucoup.
  ☐ Il y en a 352.
  ☐ Il y en a trop !

Les pronoms compléments directs

Rewrite the sentences using the correct words below.

mon professeur - les enfants - Anne et Didier - Marie - mon ami - mon amie - Emma et Lucie - Madame Richard - Monsieur et Madame Lambert

Il la regarde.
Il regarde **Marie.**
Il regarde _ _ _ _ _ .
Il regarde _ _ _ _ _ .

Tu le connais ?
Tu connais _ _ _ _ _ .
Tu connais _ _ _ _ _ .

Monsieur Leroy les aime beaucoup.
Monsieur Leroy aime beaucoup _ _ _ _ _ .
Monsieur Leroy aime beaucoup _ _ _ _ _ .
Monsieur Leroy aime beaucoup _ _ _ _ _ .
Monsieur Leroy aime beaucoup _ _ _ _ _ .

Je l'adore
J'adore _ _ _ _ _ .
J'adore _ _ _ _ _ .
J'adore _ _ _ _ _ .
J'adore _ _ _ _ _ .
J'adore _ _ _ _ _ .

Create correct sentences with each group of words.

1. aimez / vous / pas / ne / l' / ?

-- .

2. les / as / regardées / tu / pas / ne / ?

-- .

3. est-ce que / chez / Marie et Patrick / ont / invité / t' / eux / ?

-- .

4. vous / écouté / est-ce que / l' / avez / ?

-- .

5. vous / pas / connaissez / la / ne / .

-- .

6. pas / a / vous / il / ne / regardé / .

-- .

Listen and find the answer to each question below.

a. Elles sont sur la table, je vais les regarder.
b. Oui ! Et lui, il me connaît depuis que j'ai 5 ans !
c. On l'a bu samedi avec Jean et Christine !
d. Mais non, je l'adore !

e. Je crois qu'ils ne nous entendent pas.
f. Attends, je vais le demander à la dame…
g. Je ne l'ai pas vu, j'ai lu.
h. Je vais vous voir la semaine prochaine.

1. _ _ _   **2.** _ _ _   **3.** _ _ _   **4.** _ _ _   **5.** _ _ _   **6.** _ _ _   **7.** _ _ _   **8.** _ _ _

Use the following verbs to write short dialogues with the pronouns *moi, me, toi, te, le, la, les, nous, vous, en.*

rencontrer
----

chercher
----

voir
----

acheter
----

attendre
----

phonétique

c ou ç ?

Exercice 27

Complete the words using c or ç.

mer _ i   _ ent vingt   _ inéma   _ élibataire   _ yclisme   Fran _ e
fran _ ais   _ a va ?   informati _ ien   le _ on   _ inq   gar _ on

Exercice 28

Do you hear the sound [b] in the 2ⁿᵈ
or the 3ʳᵈ word? Mark the correct box.

	1	2	3	4	5	6	7	8
2ᵉ mot	☐	☐	☐	☐	☐	☐	☐	☐
3ᵉ mot	☐	☐	☐	☐	☐	☐	☐	☐

Exercice 29

Listen and complete
with p or b.

1. un _ ot   **3.** un a _ ri   **5.** une _ oule   **7.** un im _ écile
2. dé _ ranche   **4.** attra _ e   **6.** em _ runte   **8.** dé _ loque

Au café...

Livre de l'élève
pages 70 et 71

Exercice 30

Classify these foods
on the chart below.

couscous - pastis - steak-frites - tarte aux pommes - crème au chocolat - kir royal -
charcuterie - œufs mayonnaise - pastilla - salade grecque - pâtisserie - salade de
tomates - truite meunière - omelette nature - salade verte - porto

apéritifs	entrées	plats	desserts
- - - - -	- - - - -	- - - - -	- - - - -
- - - - -	- - - - -	- - - - -	- - - - -
- - - - -	- - - - -	- - - - -	- - - - -
	- - - - -	- - - - -	- - - - -

Exercice 31

Listen and find what each
person's meal was.

repas de Louis	repas de Lucie
- - - - -	- - - - -
- - - - -	- - - - -
- - - - -	- - - - -

Exercice 32

Thierry and Aurelia are having lunch in a small
restaurant. Make up a dialogue between them,
and write it down.

----

repas de Thierry
assiette de charcuterie
plat du jour
assiette de fromages
café

repas d'Aurélia
salade de la mer
truite grillée
mousse au chocolat
thé au lait

eau minérale
pichet de vin rouge

MODULE 3 | Agir dans l'espace

7 Rallye

Exercice 1

Put the verbs in parentheses in the present tense.

Livre de l'élève
pages 76 et 77

1. Non, je ne (savoir) _ _ _ _ _ pas.

2. Les enfants (être) _ _ _ _ _ dans le jardin.

3. Qu'est-ce que vous (boire) _ _ _ _ _ ?

4. Elle ne (connaître) _ _ _ _ _ pas Madame Bouvier.

5. Nous (prendre) _ _ _ _ _ le train de 7 h 34.

6. Bon, alors, qu'est-ce qu'on (offrir) _ _ _ _ _
à Corinne pour son anniversaire ?

7. Où est-ce qu'on (aller) _ _ _ _ _ ?

8. Je ne (pouvoir) _ _ _ _ _ pas venir demain.

Exercice 2

Write sentences using each of these words.

1. vieux ➔ _____ .

2. ancien ➔ _____ .

3. moderne ➔ _____ .

Outils La ville

Livre de l'élève
pages 78 et 79

Exercice 3

Match each word with a photograph.

1. une rue

2. une rivière

3. un pont

4. une église

5. une maison

6. un immeuble

7. une rue piétonnière

8. un feu

 a

 b

 c

 d

 e

 f

 g

 h

1	2	3	4	5	6	7	8
a	- - -	- - -	- -	- - -	- - -	- - -	- - -

52

Exercice 4

Find the words pertaining to the city. Answer the questions.
Exemple : Où est-ce qu'on peut manger ? → Dans un restaurant.

1. Où est-ce qu'on peut dormir ?

- .

2. Où est-ce qu'on prend le train ?

- .

3. Où est-ce qu'on peut avoir de l'argent ?

- .

4. Où est-ce qu'il y a des appartements ?

- .

5. Je suis très malade, où est-ce que je vais ?

- .

6. Où est-ce qu'on peut voir un film ?

- .

7. Où est-ce qu'on peut acheter du pain ?

- .

8. Où est-ce qu'on peut acheter des médicaments ?

- .

Se situer, s'orienter

Exercice 5   À la banque, au cinéma...

Complete the sentences.
Exemple : Je dois aller (à) _ _ _ _ _ banque. → Je dois aller à la banque.

1. Est-ce qu'on peut aller (à) _ _ _ _ _ cinéma demain ?

2. Julie va bien maintenant. Elle va sortir (de) _ _ _ _ _ hôpital vendredi.

3. Bon, je te retrouve (à) _ _ _ _ _ hôtel à 17 h 30.

4. Oui, une petite minute, je vais (à) _ _ _ _ _ toilettes et j'arrive.

5. Il rentre (de) _ _ _ _ _ bureau à dix-huit heures.

6. Je préfère étudier (à) _ _ _ _ _ bibliothèque.

7. On va manger (à) _ _ _ _ _ musée : il y a un petit restaurant.

Exercice 6   À côté, en face...

Read the sentences, and complete the map with the names of the shops or buildings.

- La pharmacie est au coin de l'avenue Pasteur et de la rue Chevreul.
- La banque est entre la pharmacie et le restaurant.
- L'hôpital est au bout de l'avenue Pasteur.
- La boulangerie est en face de la banque.
- L'épicerie est à côté de la boulangerie.

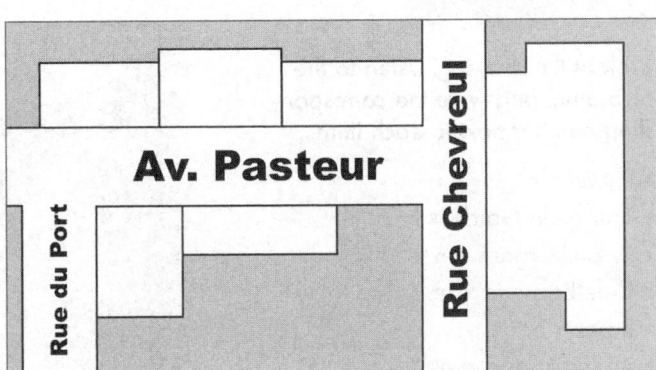

A

The names of some shops and buildings are not indicated on the map. Ask your partner questions, and complete the map.

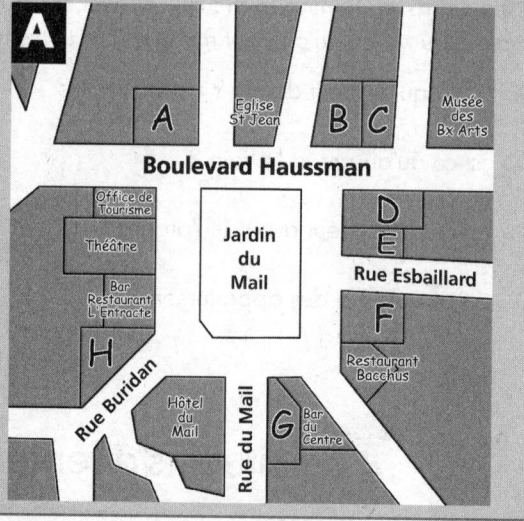

A = _____

B = _____

C = _____

D = _____

E = _____

F = _____

G = _____

H = _____

1 = _____

2 = _____

3 = _____

4 = _____

5 = _____

6 = _____

7 = _____

8 = _____

B

The names of some shops and buildings are not indicated on the map. Ask your partner questions, and complete the map.

Look at the drawing. Listen to the recording, and write the corresponding number next to each item.

- Entrée = n° ___
- Tour de la Garde = n° ___
- Île aux Cygnes = n° ___
- Café-Brasserie = n° ___
- Roses = n° ___
- Arbres à fleurs = n° ___
- Bambous = n° ___
- Fleurs d'automne = n° ___

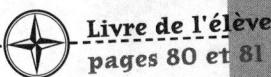

L'impératif

Unité 7

Livre de l'élève
pages 80 et 81

Exercice 9

You are giving information to someone in the street. Put the verbs in parentheses in the imperative.
*Exemple : (tourner) à droite. → **Tournez** à droite.*

1. (traverser) _ _ _ _ _ la place Saint-Martin.

2. (aller) _ _ _ _ _ tout droit.

3. (continuer) _ _ _ _ _ jusqu'au boulevard Foch.

4. (prendre) _ _ _ _ _ la première rue à droite.

5. (passer) _ _ _ _ _ devant la mairie.

Exercice 10

You are preparing a trip with your friends, and you give them some information. Put the verbs in parentheses in the imperative.
*Exemple : Louise : (acheter) **Achète** des bouteilles d'eau.*

1. Anne : (téléphoner) _ _ _ _ _ à l'agence de voyages.

2. Fabrice : (faire) _ _ _ _ _ une liste des informations utiles.

3. Valérie : (dire) _ _ _ _ _ à François de venir chez moi demain.

4. Catherine : (prendre) _ _ _ _ _ ton appareil photo, mais pas ton camescope !

5. Guillaume : (aller) _ _ _ _ _ à la banque chercher de l'argent.

Exercice 11

Transform the answers as in the example.

Exemple : - Je n'ai pas envie d'aller à la mer, cette année.
*- Bon, bah, <u>on va aller</u> à la montagne ! → Bon, bah, **allons** à la montagne !*

1. - Je ne sais pas où le bus s'arrête exactement !
- Bon, bah, <u>on va demander</u> au chauffeur du bus.

2. - On fait quoi ? Le jardin ou le musée d'abord ?
- Bon, <u>on va aller d'abord</u> au musée.

3. - Oh, non, on ne peut pas lui donner ça !
- Oui, c'est vrai. <u>On va chercher</u> autre chose.

4. - Oh là là ! Béatrice n'est pas là ? On va être en retard !
- <u>On va l'attendre</u> encore cinq minutes.

5. - Ah ! Qu'est-ce qui se passe ? L'ascenseur est arrêté !
- <u>On va rester</u> calmes. Où est l'alarme ?

6. - Je ne sais pas où on est.
- <u>On va demander</u> à quelqu'un.

7. - Et ton travail, ça va ?
- Bon, <u>on va parler</u> d'autre chose, tu veux bien ?

8. - Oh, il commence à pleuvoir !
- <u>On va rentrer</u> vite.

Exercice 12

Put the verbs in parentheses in the negative imperative.
*Exemple : (tu / écrire) _ _ _ _ _ _ _ _ _ sur la table ! → **N'écris pas** sur la table !*

1. (tu / aller) _ _ _ _ _ _ _ _ _ _ _ _ à l'hôtel Pahali, il est trop cher !

2. (vous / téléphoner) _ _ _ _ _ _ _ _ _ _ _ _ _ _ _ _ _ le matin, le bureau est fermé !

3. (tu / écouter) _ _ _ _ _ _ _ _ _ _ , ce n'est pas vrai !

4. (vous / rester) _ _ _ _ _ _ _ _ _ là, on travaille !

5. (tu / mettre) _ _ _ _ _ _ _ _ _ ton doigt dans ton nez !

6. (tu / venir) _ _ _ _ _ _ _ _ _ _ _ _ _ _ _ _ _ avec Simon, viens seule.

7. (vous / faire) _ ça ! Vous êtes fou ! C'est dangereux !

8. (tu / prendre) _ _ _ _ _ _ _ _ _ _ _ _ _ _ _ ce livre, il n'est pas très bon !

55

Exercice 13

Put the italicized verbs in the imperative.

1. Tu le *prends*, il est pour toi.

2. Tu la *donnes* à Sophie, elle va être contente.

3. Vous en *prenez* cinq kilos !

4. Tu l'*attends*, elle va arriver.

5. Tu le *lis*, c'est un très bon livre !

6. Vous le *faites* avant demain soir, s'il vous plaît !

7. Vous les *invitez* pour un petit dîner !

8. Tu en *achètes* cinq, s'il te plaît !

Exercice 14

Write the sentences in the negative form.
Exemple : Donne-la au directeur ! → Ne la donne pas au directeur !

1. Montrez-les à vos amis !

2. Laisse-moi seule !

3. Parles-en à ton directeur !

4. Écoutez-le !

5. Achètes-en pour Julien !

6. Prends-les !

7. Offre-la à Valérie !

8. Lis-la !

Exercice 15

Put the italicized verb in the imperative, and replace the underlined words with the pronouns: *le, l', la, les, en*.
Exemple : Vous mettez la lettre sur le bureau, s'il vous plaît. → Mettez-la sur le bureau, s'il vous plaît.

1. Tu *achètes* le pain à la boulangerie, pas au supermarché, s'il te plaît !

2. Vous *lisez* la lettre et vous écrivez une réponse.

3. Tu *offres* des fleurs à Christelle. Elle adore les fleurs !

4. Vous *prenez* deux bouteilles de jus de fruits.

5. Tu *mets* les oranges sur la table.

6. Tu *ouvres* ton cadeau !

7. Vous *donnez* les clés à la personne de la réception.

8. Tu *ne proposes pas* de chocolats à Régine, elle est au régime !

Exercice 16

Listen and match each sentence with a drawing.

phrase n°___

phrase n°___

phrase n°___

phrase n°___

phrase n°___

phrase n°___

phrase n°___

Exercice 17

What do these drawings mean? Use the imperative.

1.
2.
3.
4.
5.

1. _____
2. _____
3. _____
4. _____
5. _____

Indiquer une direction

Exercice 18

Where are you going? Look at the map, listen to the document and choose the correct route.

☐ trajet 1
☐ trajet 2
☐ trajet 3

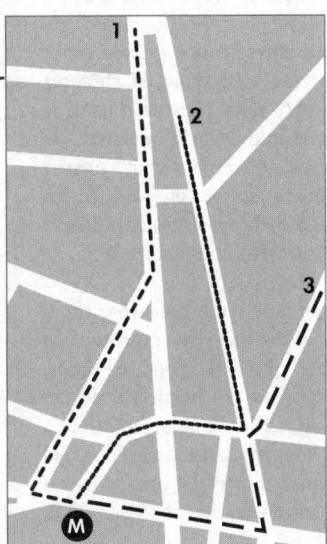

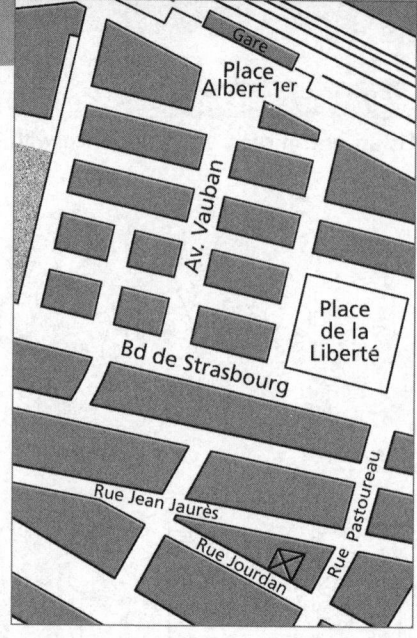

Your friend has arrived at the train station. Look at the map, and show him how to get to your house on rue Jourdan. (Use the imperative.)

Read this tourist document. Mark the route of the visit on the map, and write down the numbers of the indicated monuments.

En sortant de l'office de tourisme, prenez la rue Toussaint à droite. Passez devant l'église Saint-Jean, du XVIIe siècle. Traversez le boulevard Saint-Michel puis prenez la première rue à droite, la rue Bréguet. À droite se trouve la maison Bleue (1), de style art-déco, un bel exemple de l'architecture du début du XXe siècle.

Prenez ensuite la première rue à gauche, la rue de la Cloche, puis la première rue à droite, la rue Paul Chautard. Continuez dans cette rue jusqu'au bout. Avant d'arriver à la rivière, la Bresme, vous trouvez, à gauche, le jardin des Pénitentes (2). Au bout de la rue Paul Chautard, prenez à droite et continuez jusqu'au boulevard Saint-Michel. Traversez la Bresme par le pont de la République. Après le pont, prenez la deuxième rue à gauche. Vous arrivez à la petite place du Pilori (3), entourée de jolies maisons en bois, du XVe siècle. Au centre de cette place se trouve une sculpture d'Aristide Maillol, *l'Action enchaînée*, de 1905.

Prenez la rue à droite. Au bout de cette rue, vous trouvez le boulevard du Château que vous prenez à droite. Traversez le boulevard Saint-Michel. Juste à gauche après le boulevard Saint-Michel se trouve une petite église du XIIIe siècle, l'église Saint-Firmin (4). Continuez le boulevard du château. Vous arrivez à une grande place et vous avez sur votre droite le château, construit au XVe siècle. Passez devant le château et prenez à droite le boulevard de la République. À droite, vous passez devant le musée du Moyen Âge (5). En face du musée du Moyen Âge se trouve le théâtre municipal (6), construit en 1875.

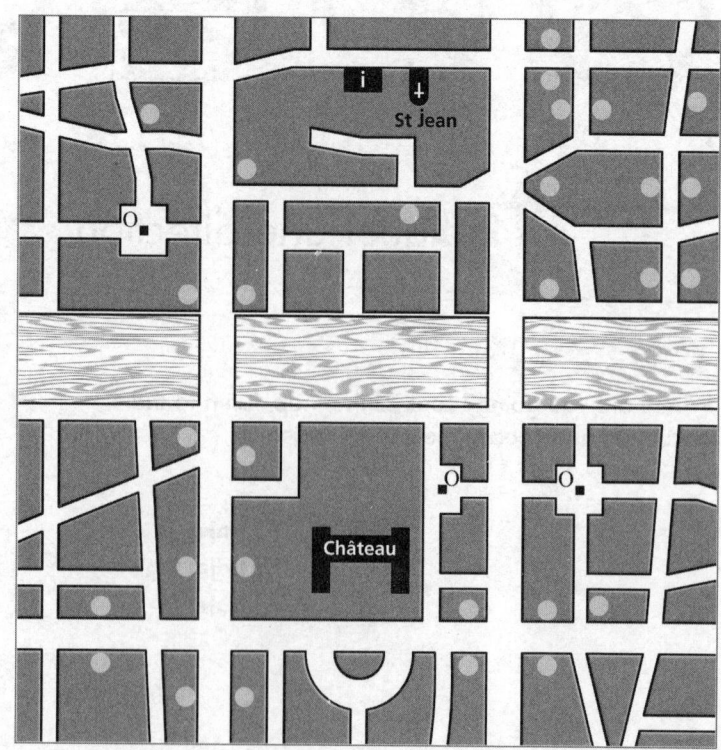

Continuez tout droit sur le boulevard de la République, traversez de nouveau la Bresme. Juste après le pont, à droite, admirez la tour de la Chaîne (7), du IXe siècle. Continuez le boulevard de la République. Vous retrouvez la rue Toussaint que vous prenez à droite. Et vous arrivez à l'office de tourisme, fin de votre visite de la ville.

Vous avez 1 nouveau message

Livre de l'élève
pages 82 et 83

Plaire, faire plaisir

Exercice 21

Complete the dialogues using *plaire* or *faire plaisir*.

1. - Bonjour, Vincent.
 - Corinne ! Toi ? Ici ? Ah, ça me _ _ _ _ _
 de te voir !

2. - Je vais offrir ce livre à Marie.
 - Tu penses qu'il va _ _ _ _ _ à Marie ?

3. - C'est vrai ? La mère de Stéphanie va en
 vacances avec vous ?
 - Oui. Et ça ne me _ _ _ _ _ pas beaucoup !

4. - Alors, tu aimes tes cours de français ?
 - Oui, ils me _ _ _ _ _ beaucoup.

5. - Un billet, pour un match de foot, euh, merci,
 mais…
 - Ça ne te _ _ _ _ _ d'aller voir un match de
 foot avec moi ?

6. - Alors, Nice, c'est bien ?
 - Oh, oui, ça me _ _ _ _ _ beaucoup ! Il y a
 la mer, et la montagne pas très loin.

Premier, deuxième…

Exercice 22

Write the numbers in words.
Exemple : Le bureau de M. Leclerc est au 5ᵉ étage. → *cinquième*

1. Un billet pour Bordeaux. En 2ⁿᵈᵉ classe, s'il vous plaît. → _ _ _ _ _
2. Yannick travaille à Paris, dans le 6ᵉ arrondissement. → _ _ _ _ _
3. J'adore la 7ᵉ symphonie de Beethoven. → _ _ _ _ _
4. Et là, c'est Nicolas, leur 4ᵉ enfant. → _ _ _ _ _
5. Le château de Chambord a été construit au XVIᵉ siècle. → _ _ _ _ _
6. Allez au bureau 304, au 3ᵉ étage. → _ _ _ _ _
7. Vous êtes notre 100ᵉ client, vous avez gagné 100 euros ! → _ _ _ _ _

Exercice 23

Complete the sentences using the words in parentheses.
Exemple : Le bureau de M. Leclerc, c'est la (dernier) **dernière** *porte à gauche.*

1. La (premier) _ _ _ _ _ semaine du mois de mai va du lundi 1ᵉʳ au dimanche 7 mai.
2. Vous avez un examen à la fin du (premier) _ _ _ _ _ semestre.
3. Le (dernier) _ _ _ _ _ métro passe à 0 h 35.
4. Notre magasin va offrir 10 000 euros au (million) _ _ _ _ _ client.
5. Je vais vous envoyer un (deuxième) _ _ _ _ _ message.
6. Ce n'est pas la (premier) _ _ _ _ _ fois que vous venez en France ?
7. Les (dernier) _ _ _ _ _ photos sont très jolies.

Read the definitions, and complete the crossword.

	1	2	3	4	5	6	7	8	9	10	11	12	13	14	15	16	17	18	19	20	21
I																					
II																					
III																					
IV							P	R	I	N	C	E									
V																	O	B	É	I	R
VI																					
VII																					
VIII																					
IX																					
X																					
XI																					
XII																					
XIII																					
XIV																					

HORIZONTALEMENT

I. Où on peut voir des films. Où on peut manger.
II. Connais.
III. À toi. Magasin de poissons.
IV. Fin d'aujourd'hui. Fils de roi.
V. Bâtiment pour les collections. Les femmes. Faire les choses demandées.
VI. Après sept.
VII. Petit boulevard. « Gouvernement » de la ville. Parties du corps.
VIII. Pas françaises.
IX. Où on trouve des livres. Ne pars pas.
XI. Pour l'anniversaire. Du pays. Café.
XIII. Où on trouve de l'argent. Savoir.
XIV. Prennent pour voir si c'est bien. Au milieu de deux choses.

VERTICALEMENT

1. Grande église. Début de l'alphabet.
2. À + le.
3. Ensemble de logements.
4. Être avec « tu ».
5. Boutique. Grande rue.
6. Avoir avec « je ». Être avec « tu ».
7. Magasin très grand.
9. Où on peut nager.
10. Au cinéma.
11. Magasin au coin de la rue. Nous.
12. Donne du goût aux repas. Il apprend à l'université.
14. Aimer. Petit repas.
16. Pour un homme.
17. Entendre. Exister.
18. Alcool. Au.
19. Espace de la maison très personnel.
20. Être avec « il ».
21. À côté. Ensemble de pays.

phonétique

Allez ou aller ?

Exercice 25

Complete with the words in the right hand column.

1. Il est _ _ _ _ _, il t'attend. Il est _ _ _ _ _ de l'église.	**près ; prêt**
2. Qu'est-ce que vous _ _ _ _ _ ? Une _ _ _ _ _ ?	**faites ; fête**
3. Vous _ _ _ _ _, s'il vous plaît. L' _ _ _ _ _ est à droite.	**entrée ; entrez**
4. Il est _ _ _ _ _ en 1990. Il a mal au _ _ _ _ _	**né ; nez**
5. Je vais _ _ _ _ _ à Marseille et vous _ _ _ _ _ venir avec moi.	**aller ; allez**
6. Elle _ _ _ _ _ japonaise _ _ _ _ _ son mari, coréen.	**est ; et**
7. Il ne _ _ _ _ _ pas que _ _ _ _ _ amis sont malades.	**sait ; ses**
8. Ne prends pas _ _ _ _ _ chaussures ! _ _ _ _ _ ton chapeau !	**mes ; mets**

Exercice 26

Listen and mark the correct box.

	1	2	3	4	5	6	7	8
[b] (**b**anque)	☐	☐	☐	☐	☐	☐	☐	☐
[v] (**v**ille)	☐	☐	☐	☐	☐	☐	☐	☐

Les jeux des Français

Livre de l'élève
pages 84 et 85

Exercice 27

Listen and indicate which game the people like. Link the different items.

           • la pétanque
1 •   • la belote
2 •   • le tarot
3 •   • les jeux de société (Monopoly, Scrabble…)
4 •   • les jeux vidéo
5 •   • la pelote basque
           • les quilles

Chez moi

Livre de l'élève
pages 86 et 87

Exercice 1

The house: look at these objects, and write in which room(s) we can find them. (There may be several possibilities.)

Exemple : Le lavabo est dans la salle de bains.

la douche

----

le lavabo
la salle de bains

la baignoire

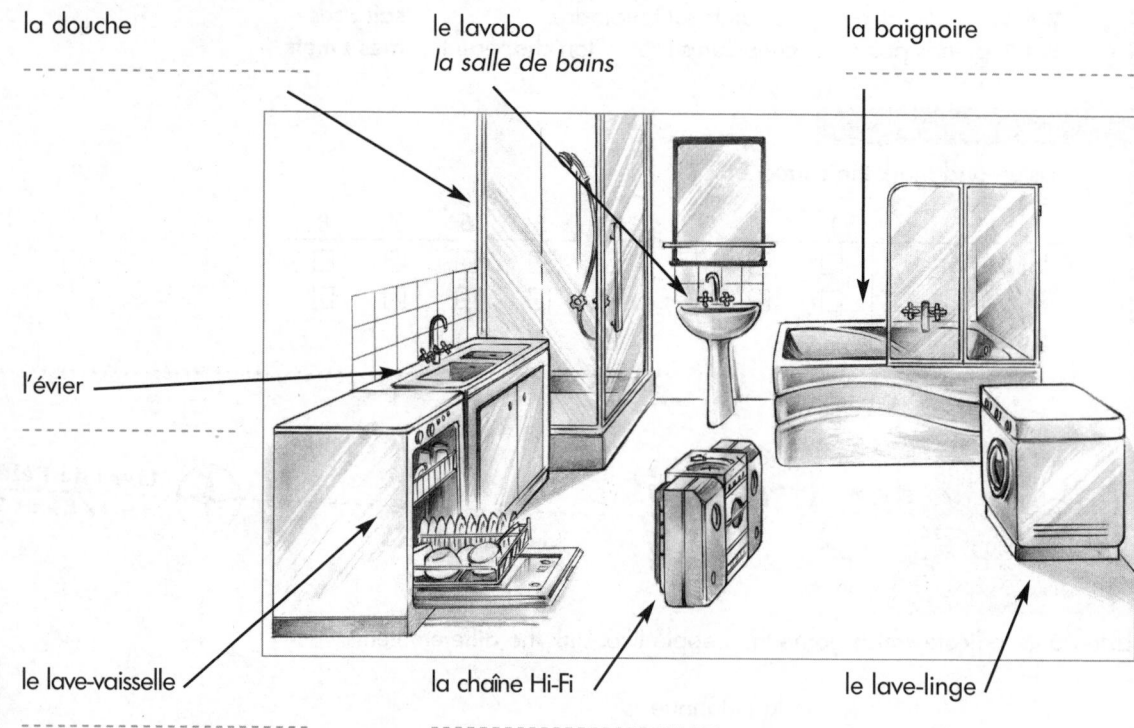

l'évier

----

le lave-vaisselle

----

la chaîne Hi-Fi

----

le lave-linge

Exercice 2

Complete the sentences using the correct form of *devoir*.

1. Pour traverser la rue, tu _____ bien regarder à gauche, puis à droite.

2. Nous _____ partir dans une heure et je _____ vite finir les bagages…

3. Vous ne _____ pas détacher votre ceinture de sécurité avant l'arrêt complet de l'avion.

4. Les étudiants _____ travailler à la maison pour bien comprendre.

5. Léo _____ téléphoner à Axelle pour l'inviter dimanche.

6. Tu n'as pas fini ? Qu'est-ce que tu _____ faire, encore ?

Exercice 3

Complete the short dialogues using *pouvoir*, *vouloir* or *devoir* in the correct form.

1. - Salut ! Tu ne viens pas à ma fête d'anniversaire ? Je ne comprends pas pourquoi
tu ne _ _ _ _ _ pas venir.

- Je _ _ _ _ _ bien venir mais je ne _ _ _ _ _ pas, j'ai un match de basket et je _ _ _ _ _
être à 14 heures au Palais des Sports. Je suis désolée.

2. Je _ _ _ _ _ bien vous aider mais je ne _ _ _ _ _ pas toujours répéter et expliquer les choses
vingt fois ! Vous _ _ _ _ _ travailler un peu !

3. - Pour réserver vos vacances, vous _ _ _ _ _ téléphoner au 0800 610 610. Vous _ _ _ _ _
aussi réserver par l'internet mais je n'ai pas l'adresse.

- Vous _ _ _ _ _ me donner cette adresse demain ?

- Oui, bien sûr. Je _ _ _ _ _ penser à chercher, c'est tout…

Exercice 4

Answer the questions as in the example.
Exemple : - Tu comprends quelque chose ?
- Non, je ne comprends rien.

1. Quelqu'un peut expliquer la règle ? Non, _____ .
2. Il y a quelqu'un dans le magasin ? Non, _____ .
3. Vous voulez quelque chose ? Non, _____ .
4. Quelque chose est arrivé pour moi ? Non, _____ .
5. Est-ce que tu as compris quelque chose en maths ? Non, _____ .
6. Est-ce que vous avez envie de quelque chose ? Non, _____ .
7. Est-ce que quelqu'un a le numéro de téléphone de Marta ? Non, _____ .
8. Tu pars avec quelqu'un en Bretagne ? Non, _____ .

Exercice 5

Complete the short dialogues using *quelque chose*, *rien*, *quelqu'un* or *personne*. Make the necessary additions.

Dans un magasin
- Je voudrais une information sur un CD.
- Ah ! Aujourd'hui, il n'y a _ _ _ _ _ mais attendez, je vais appeler _ _ _ _ _ !

À la maison
- Il y a _ _ _ _ _ à manger dans le réfrigérateur ?
- Non, _ _ _ _ _, je n'ai _ _ _ _ _ acheté ; j'ai eu trop de travail !

Deux amies au téléphone
- Alors, vous partez bientôt aux Antilles ?
- Oui, en général on ne fait _ _ _ _ _ en hiver mais cette année, on part en vacances.
- Et vous connaissez _ _ _ _ _ là-bas ?
- Non, _ _ _ _ _ mais on va certainement rencontrer des gens.

À l'université
- Je voudrais demander _ _ _ _ _ à Monsieur Bouvier. Je n'ai _ _ _ _ _ compris à ses explications sur le passé
composé.
- Ah, oui ! Mais, il est 19 heures. Il n'y a _ _ _ _ _ dans les bureaux. Revenez demain !

For each drawing, write the colour the item represents.

1. _ _ _ _ _
2. _ _ _ _ _
3. _ _ _ _ _
4. _ _ _ _ _
5. _ _ _ _ _

a) Complete.

Exemple : une voiture rouge / un vélo rouge

- un légume vert / une plante _ _ _ _ _
- un citron _ _ _ _ _ / une pomme jaune
- un mur _ _ _ _ _ / une maison blanche
- un pantalon bleu / une jupe _ _ _ _ _
- un bouton _ _ _ _ _ / une lampe orange
- un livre rose / une fiche _ _ _ _ _
- un café _ _ _ _ _ / une tasse noire
- un stylo violet / une fleur _ _ _ _ _
- un éléphant gris / une souris _ _ _ _ _
- un parapluie _ _ _ _ _ / une raquette marron

b) Complete the chart.

masculin	féminin
_ _ _ _ _	bleue
vert	_ _ _ _ _
jaune	_ _ _ _ _
_ _ _ _ _	rouge
_ _ _ _ _	orange
gris	_ _ _ _ _
noir	_ _ _ _ _
_ _ _ _ _	marron
rose	_ _ _ _ _
blanc	_ _ _ _ _
_ _ _ _ _	violette

Listen. Then associate a colour to each word.

- la nuit : _ _ _ _ _
- la peur : _ _ _ _ _
- une souris : _ _ _ _ _
- des lunettes : _ _ _ _ _
- un examen : _ _ _ _ _
- un poisson : _ _ _ _ _
- une tomate : _ _ _ _ _
- la mer : _ _ _ _ _

Give another possible colour for each item.

Exemple : du poivre blanc → du poivre gris

- une tomate rouge
- un ciel gris
- des olives noires
- une souris blanche

- - - - - - - - - - - - - - - - -   - - - - - - - - - - - - - - - - -   - - - - - - - - - - - - - - - - -

- un citron vert
- des cheveux blonds
- des haricots blancs

- - - - - - - - - - - - - - - - -   - - - - - - - - - - - - - - - - -   - - - - - - - - - - - - - - - - -

Outils Exprimer la possession

Livre de l'élève
pages 88 et 89

Exercice 10

Complete the short dialogue with the correct noun.

- J'aime bien l'appartement de Tom. Sa _____ est très moderne et son _____ est très grand. Et puis, c'est drôle, il y a un petit jardin dans son _____ avec des plantes vertes magnifiques !
- Oui, il est beau. Nous, on voudrait aussi trouver un grand appartement parce que notre _____ est trop petite avec nos trois _____ , notre _____ et nos _____ !
- Tu as visité l'appartement des Leroux ? Ils veulent le vendre, ils partent habiter au Maroc. Jean-Louis doit habiter là-bas pour son _____ et ils sont contents parce qu'ils ont leurs _____ qui habitent à Marrakech.
- Ah, bon ? Tu as leur _____, je vais les appeler !

Exercice 11

Complete the following.

1. J'aime beaucoup mon professeur.
_____ amie Christine.
_____ amis canadiens.
_____ petite chienne *Vanille*.

2. Nous partons en vacances avec _____ père
_____ mère
_____ chat
_____ souris grises.

3. Ils regardent _____ film préféré.
_____ photos de vacances.
_____ enfant.
_____ enfants.

4. Je connais _____ famille
_____ appartement
_____ goûts.
mais je ne connais pas son _____
sa _____
ses _____

Le passé composé

Exercice 12

Complete the sentences using the correct forms of *être* or *avoir*, and make the necessary modifications.

1. - Vous _____ fini ?
   - Moi, madame, je ne _____ pas compris la différence entre *qui* et *que*.

2. - Mince, alors ! Je _____ perdu le CD que Luc m'a prêté !
   - Ah ! Tu le _____ perdu ou tu le _____ oublié à la fête de Marion ?
   - Ah ! C'est vrai ! Je le _____ porté hier soir chez Marion. Je pense qu'il est chez elle.

3. - Il _____ parti, Jean-François ?
   - Oui, je crois qu'il _____ allé acheter le journal et qu'il va revenir.

4. - À quelle heure tu _____ rentré hier soir ?
   - Je ne sais pas, je ne _____ pas regardé l'heure !

5. - Qu'est-ce que tu _____ dit ?
   - Rien. Je ne _____ pas parlé !

a) Look at the list of infinitive verbs.

lire – avoir – boire – descendre – connaître – écrire – aller – pouvoir – être – entendre

b) Listen, then use an infinitive verb for each sentence. Write its past participle.

Exemple : entendre   phrase 1 → entendu

lire	phrase		*écrire*	phrase ....
avoir	phrase		*aller*	phrase ....
boire	phrase		*pouvoir*	phrase ....
descendre	phrase		*être*	phrase ....
connaître	phrase			

Exercice 14

Complete these sentences using the past participle of the verb in parentheses.

1. Tu as (apprendre) _____ les conjugaisons en français ?

2. Je n'ai pas (répondre) _____ au message de Bruno.

3. Marco est (aller) _____ à Paris le week-end dernier.

4. Elle a (avoir) _____ peur du gros chien.

5. Ils ont (finir) _____ leurs exercices ?

6. Vous avez (pouvoir) _____ acheter vos billets ?

7. Ce n'est pas sympa, vous n'avez pas (attendre) _____ Marie !

8. Il n'a rien (dire) _____ et il est (partir) _____ .

Exercice 15

Put these sentences in the negative form.

1. Vous êtes allé à New York ?

-- ?

2. J'ai dit non à Renaud.

-- .

3. Tu as invité Christina ?

-- ?

4. Mes amis du Panama sont arrivés à Paris dimanche.

-- .

5. J'ai bien dormi cette nuit.

-- .

6. Laure a appris l'espagnol à Malaga.

-- .

7. Elle m'a regardé et elle m'a souri.

-- .

8. Vous êtes tombé dans la rue ?

-- ?

Exercice 16

Put these sentences in the *passé composé*.

1. - J'écris à Lise.
 - Pourquoi ?
 - Parce qu'elle a 25 ans !

2. - Ils mangent au restaurant samedi ?
 - Oui, ils veulent essayer le *Trois soleils*.

3. - Il part à quelle heure, Pascal ?
 - Il ne part pas ; il reste à Paris pour travailler.

4. - Tu aimes ce film ?
 - Non, pas du tout. Je le déteste !

5. - Bon, tu choisis ?
 - Oui. Je prends une omelette-salade.

6. - Tu connais la famille Durand ?
 - Oui, mon père travaille avec Monsieur Durand et je suis à l'école avec Mélinda, sa fille.

Donner un ordre, un conseil / exprimer l'obligation / interdire

Livre de l'élève pages 90 et 91

Exercice 17

Listen to these short dialogues. Then complete them with the correct infinitive.

Exemple : _ _ _ _ _ *une carte postale* → **écrire** *une carte postale*

_ _ _ _ _ / _ _ _ _ le four, la télévision, la lumière…   _ _ _ _ _ le bouton

_ _ _ _ _ l'ampoule   _ _ _ _ _ / _ _ _ _ la poubelle

_ _ _ _ _ ses bagages   _ _ _ _ sur le bouton

Exercice 18

Put these sentences into the negative form.

Exemple : Il faut travailler le dimanche ! → *Il ne faut pas travailler le dimanche !*

1. Vous devez prendre la première rue à droite.

2. Va voir ce film !

3. Il faut manger beaucoup de viande et boire beaucoup de vin rouge.

4. Ouvrez votre cadeau !

5. On doit écrire sur la fiche.

6. Écoute ce CD !

7. Il faut rêver dans la vie !

8. Il doit trouver le coupable.

Exercice 19

Listen and determine who can say these sentences, and in what sort of situations. Complete the chart.

1. quelqu'un sur un répondeur téléphonique
2. une hôtesse dans un théâtre
3. un journaliste à la radio
4. une femme à une amie

5. un professeur dans la classe
6. un contrôleur dans un train

phrases	a	b	c	d	e	f
situations	---	---	---	---	---	---

Exercice 20

Rewrite the following sentences in a different way.

Exemple : Tu dois téléphoner à Monsieur Ballet. → *Téléphone à Monsieur Ballet.*

1. Il ne faut pas parler en même temps que moi.

--- .

2. Il y a un accident sur l'autoroute A10. Vous devez prendre la nationale 10 à Orléans.

--- .

3. Ne gênez pas la fermeture des portes, s'il vous plaît.

--- .

4. Il faut 3 œufs et 300 grammes de farine, c'est simple !

--- !

5. Il ne faut pas fumer ici, c'est interdit.

--- .

6. Toutes nos lignes sont occupées, vous devez rappeler un peu plus tard.

--- .

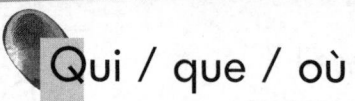

Qui / que / où

Transform these sentences using *qui*, *que* or *où*.
*Exemple : Tu as vu **la lettre** ? **La lettre** est arrivée aujourd'hui.*
    *Tu as vu la lettre **qui** est arrivée aujourd'hui ?*

1. La bouteille de vin est pour Julien. La bouteille de vin est sur la table de la cuisine.
2. Sophie va prendre le train. Le train part à 9 heures.
3. Le pantalon est trop petit. Tu as acheté ce pantalon.
4. Les maisons sont très chères. Les maisons sont dans le centre ville.
5. L'hôtel est vraiment confortable. Nous sommes à l'hôtel.
6. Tu peux me donner le journal ? Le journal est devant toi.
7. Tu connais la ville ? Ils habitent dans la ville.
8. Il y a eu un accident à la piscine. Je vais à la piscine le samedi matin.
9. Le jeune homme était grand et mince. J'ai vu le jeune homme sortir de la banque.
10. Le château est vraiment très beau. On va visiter le château.

Complete these short dialogues using *qui*, *que* or *où*.

1. - Tu connais la fille blonde _ _ _ _ _ est sur la photo ?
    - Où ? Ah ! Elle ? C'est la fille _ _ _ _ _ joue au tennis avec Anthony le samedi matin et
    c'est elle _ _ _ _ _ je vois dans le bus tous les soirs, mais je ne la connais pas.

2. - Je voudrais revoir cette petite ville _ _ _ _ _ j'ai passé un beau week-end l'année dernière.
    - Pourquoi est-ce que tu n'y vas pas ?
    - Je n'ai pas de voiture et mes amis _ _ _ _ _ ont une voiture n'ont pas le temps.
    - C'est qui ? Les amis _ _ _ _ _ tu m'as présentés à la fête de Caro et _ _ _ _ _ sont informaticiens
    tous les deux ?

3. - Passe-moi la bouteille de coca _ _ _ _ _ est dans le frigo, s'il te plaît !
    - Euh… la bouteille _ _ _ _ _ on a bue hier soir ?
    - Non, la bouteille _ _ _ _ _ j'ai achetée ce matin !
    - Euh… il n'y a pas de coca, désolé…

Imagine what follows.

1. Tu connais la dame qui _____ .
            que _____ .

2. C'est le professeur que _____ .
            qui _____ .

3. C'est le pays que _____ .
        où _____ .
        qui _____ .

Vous avez 1 nouveau message

Les pronoms compléments indirects

Exercice 24

Read these sentences. Underline the direct object pronouns in green and the indirect object pronouns in blue.

1. Pardon, vous m'avez parlé ? Excusez-moi, je ne vous ai pas écouté.

2. Elle vous a écrit ou elle vous a téléphoné ?

3. Quand je l'ai vu, je lui ai parlé de ses problèmes de travail.

4. Christian me dit qu'il va venir me voir demain.

5. Il t'a expliqué pourquoi il n'a pas fait ses exercices ?

6. Les voisins m'ont aidé à porter mes bagages et je leur ai proposé de prendre l'apéritif.

7. Je leur ai prêté des CD mais ils ne m'ont pas dit merci.

8. Il ne nous connaît pas beaucoup mais je pense qu'il nous aime bien.

Exercice 25

Match the questions with the answers.

1. Didier est là, aujourd'hui ?

2. Tu as fait ta lettre pour Laura ?

3. Vous avez demandé à votre professeur ?

4. Ils t'ont parlé ?

5. Tu as le DVD de *La Guerre des Étoiles IV* ?

6. Elles ont compris l'exercice ?

a. Ils m'ont dit bonjour, c'est tout.

b. Je pense, je leur ai expliqué hier.

c. Oui, Anne me l'a prêté.

d. Je ne sais pas, je ne l'ai pas vu.

e. Non, on ne lui a pas posé la question.

f. Non, je ne vais pas lui écrire, je vais lui téléphoner.

1	2	3	4	5	6
---	---	---	---	---	---

Exercice 26

Answer these questions by replacing the underlined items with a pronoun.

1. Vous connaissez <u>Jennifer Lopez</u> ?

-- .

2. Est-ce que vous écrivez beaucoup <u>à vos amis</u> ?

-- .

3. Vous envoyez des messages électroniques <u>à vos professeurs</u> ?

-- .

4. Est-ce que vous invitez <u>vos amis</u> chez vous pour votre anniversaire ?

-- .

5. Vous proposez des sorties <u>à votre meilleure amie</u> ?

-- .

6. Vous dites toujours « bonjour » <u>à votre professeur de français</u> ?

-- .

7. Vous avez parlé <u>au directeur de l'école</u>, aujourd'hui ?

-- .

8. Est-ce que vous aimez bien <u>les étudiants</u> de votre classe ?

-- .

phonétique

Comment prononcer « e » ?

a) Listen to these words and classify them according to whether you hear the sound [ə] as in *regarde* or [e], as in *numéro*.

[ə] comme *regarde*	[e] comme *num**é**ro*

b) In the right hand column, choose all the words which do not have an accented « e ». Then, underline the letter(s) which explain why the « e » has no accent and is pronounced [e]. *Exemple : dét**es**te.*

a) Read these new words. Then check their pronunciation with the recording.

- destin
- selle
- remercier
- revendre
- reculer
- descendre
- énergie
- échanger
- règle
- examiner
- étranger
- énerver
- repas
- règne

b) In each of the following words, circle the letter(s) which explain why the « e » before two consanants is accented. *Exemple : z**è**br**e***

- déchirer

- écrire

- règne

- déclin

- échauffer

- déclarer

- être

- église

Listen to the sentences, and mark the correct box.

	1	2	3	4	5	6	7	8
[œ] *(coul**eur**)*	☐	☐	☐	☐	☐	☐	☐	☐
[o] *(rad**io**)*	☐	☐	☐	☐	☐	☐	☐	☐

Tri sélectif et recyclage

⊕ **Livre de l'élève**
pages 94 et 95

Exercice 30

Read these statements and match each one with a photograph.

a. Les personnes qui collectent les déchets sont les éboueurs.

b. Une famille de quatre personnes produit en moyenne 1,5 tonne de déchets par an.

d. On peut recycler le verre à l'infini.

c. Avec les bouteilles en plastique, on fabrique beaucoup de vêtements.

e. Avec les déchets accumulés en un an par les Belges, on pourrait faire une file de camions de Bruxelles à Madrid.

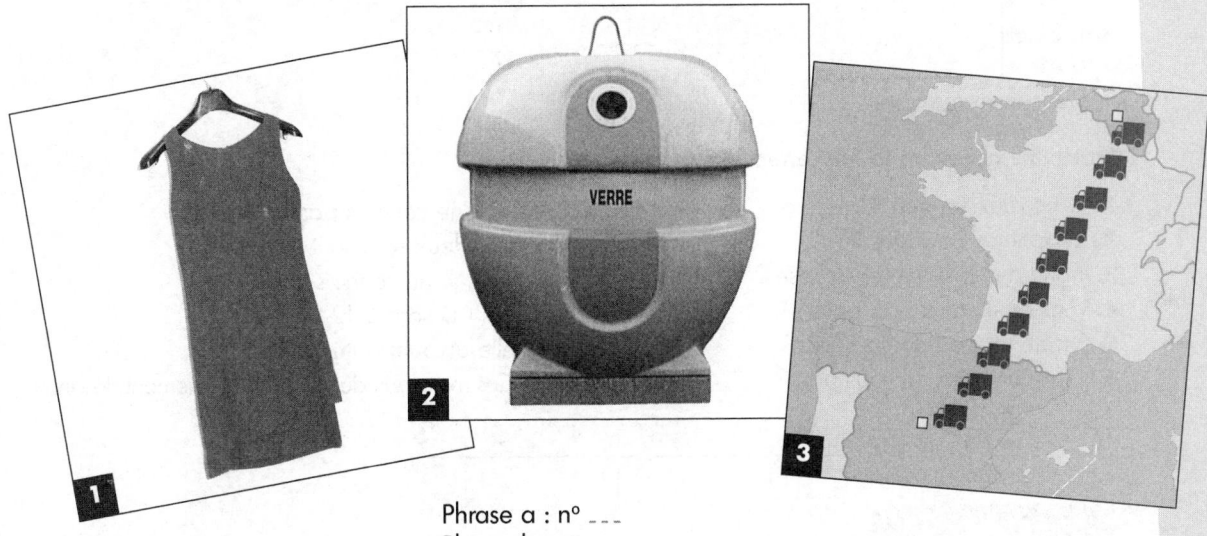

VERRE

Phrase a : n° ___
Phrase b : n° ___
Phrase c : n° ___
Phrase d : n° ___
Phrase e : n° ___

Les vacances

Exercice 1

Listen. Then provide the requested information.

Livre de l'élève
pages 96 et 97

	Quelle destination ?	C'est où ?	Qu'est-ce qu'ils aiment ?	Dans quel autre lieu ils aimeraient aller ?
Anne	_ _ _ _ _	_ _ _ _ _	_ _ _ _ _	_ _ _ _ _
Jean-Louis	_ _ _ _ _	_ _ _ _ _	_ _ _ _ _	_ _ _ _ _
Sandrine	_ _ _ _ _	_ _ _ _ _	_ _ _ _ _	_ _ _ _ _

Exercice 2

Match the questions to the correct answer.

1. Tu en veux un peu ?
2. Ce sont tes bagages ?
3. Ingrid a choisi quelque chose ?
4. Vous savez aller à la gare ?
5. Encore un peu de couscous ?
6. Il fait combien, s'il vous plaît ?

a. Ben… Je ne connais pas cette ville…
b. Oui. Ces deux sacs sont à moi.
c. Oh ! Oui, je ne connais pas ce vin.
d. Tous ces CD sont à 12,50 euros.
e. Oui, elle a voulu cette lampe.
f. Oui ! Ces morceaux de viande sont tellement délicieux…

1	2	3	4	5	6
_ _ _	_ _ _	_ _ _	_ _ _	_ _ _	_ _ _

Exercice 3

Complete using *ce, cet, cette* or *ces*.

1. _____ femme est polonaise. Elle s'appelle Dagmara.
2. C'est toi qui as écrit _____ lettre ?
3. Très jolis, _____ tapis iraniens !
4. Paul Constant ? Non, je ne connais pas _____ homme.

5. _____ village du sud-ouest est très agréable.
6. Elle est où, _____ université ?
7. Alors, _____ vacances ? Tu as aimé la Bretagne ?
8. Nous n'avons pas eu _____ information.

Exercice 4

Complete the dialogues using *ce, cet, cette* or *ces*.

1. - C'est quoi _____ CD sur la table ?
   - Ah ! C'est pour Romain. Il ne connaît pas Charles Mingus et je veux qu'il écoute _____ musique.

2. - Vous remplissez _____ papiers, s'il vous plaît. Ne mettez rien dans _____ case, c'est pour les étrangers.
   - D'accord. Et _____ lignes, je les remplis ?

3. - Berder ! Tu connais _____ île ?
   - Oui. Tu penses que tu es la seule à connaître _____ lieu ?
   - Euh… Non, mais tu vas souvent dans _____ région ?

4. - C'est qui _____ gens sur la photo ?

- Des amis de mon père.

- Et _____ enfant ?

- C'est le fils de _____ homme et de _____ femme en bleu.

5. - Ton avion décolle à quelle heure ?

- 12 h 30. Mais je ne connais pas _____ aéroport et je préfère y arriver à 10 h 30.

- Bon ! Je vais prendre _____ route, c'est plus rapide.

Exercice 5

Make these sentences singular.

Exemple : Ils sont adorables, ces petits chiens ! → *Il est adorable, ce petit chien !*

1. Ces enfants sont très grands.

2. J'aime beaucoup ces romans américains.

3. Comment tu connais ces adresses ?

4. Ces Italiens sont très drôles !

5. Est-ce que vous aimez ces exercices de vocabulaire ?

6. Il faut changer ces ordinateurs, ils sont trop vieux.

7. Qui sont ces étudiantes, là-bas, avec Marco ?

8. On adore ces tableaux de Picasso.

Exercice 6

Place the adjective where it belongs. Make the necessary agreements.

Exemples : J'adore / les / vieux / livres.   On / a vu / un / intéressant / film.
J'adore les vieux livres.   On a vu un film intéressant.

1. Qui / est / cette / joli / fille ?

--- .

2. J'/ ai invité / mes /canadien / amis.

--- .

3. Elle / va acheter / la / rouge / voiture.

--- .

4. Il / est / à toi / ce / grand / parapluie ?

--- ?

5. France-Brésil, / quel / beau / match !

--- !

6. Hier soir, / on / a mangé / une / délicieux / pastilla / chez Moaïed.

--- .

7. Sa / fille / est / à / Jules Ferry ; / c'est / une / bon / école.

--- .

8. Je / crois / que / Montpellier / est / une / agréable / ville.

--- .

Exercice 7

Place the adjective where it belongs and add *des* or *de (d')*.

Exemple : En Espagne, il y a (belles) plages. → *En Espagne, il y a de belles plages.*

1. Mes voisins font (extraordinaires) voyages.

--------------------------------------- .

2. J'ai (bonnes) histoires à vous raconter…

--------------------------------------- .

3. On a visité (baroques) églises et (beaux) musées.

--------------------------------------- .

4. Ils ont passé (incroyables) vacances, cette année.

--------------------------------------- .

5. Regarde, ce sont (magnifiques) livres !

6. Il a (grandes) filles qui sont mariées.

--------------------------------------- .

Exercice 8

Complete.

1. La fille de votre tante est votre _____

2. Le mari de votre sœur est votre _____

3. La fille de votre grand-père est votre _____

4. Le mari de votre grand-mère est votre _____

5. Les enfants de votre oncle sont vos _____

6. Et qui est la femme de votre mari (ou le mari de votre femme) ? _____

Answer the questions.

Qui est la mère de ma mère et la mère de mon oncle ? _ _ _ _ _

Qui est le mari de ma sœur et le père de mon neveu ? _ _ _ _ _

Qui est la sœur de mon mari (ou de ma femme) et la femme de mon beau-frère ? _ _ _ _ _

Outils   Y, pronom complément

Livre de l'élève
pages 98 et 99

Give your own personal answers to these questions. Use *y* in your answers.

1. Vous habitez dans la ville où vous êtes né(e) ? _ _ _ _ _

2. Vous êtes allé(e) en France en 2003 ? _ _ _ _ _

3. Vous êtes parti(e) en vacances l'été dernier ? Si oui, où ? _ _ _ _ _

4. Vous êtes allé(e) faire du ski l'hiver dernier ? Si oui, où ? _ _ _ _ _

5. Est-ce que vous allez aller chez votre meilleur(e) ami(e) cette semaine ? Si oui, quand ? _ _ _ _ _

6. Vous êtes déjà allé(e) dans un pays étranger ? Si oui, où ? _ _ _ _ _

Replace the underlined word by the pronoun *y*.

Exemple : - *Vous pouvez répondre à ma question, s'il vous plaît ?*
   - *Mais, j'ai répondu <u>à votre question</u>.*
   → *Mais, j'y ai répondu.*

1. - Tu es allé à Paris la semaine dernière ?
   - Oui, je suis allé <u>à Paris</u> jeudi et vendredi.
   - _

2. - Vous allez encore à l'hôtel de la Plage, cette année ?
   - Non, on ne retourne pas <u>dans cet hôtel</u>, il n'est pas confortable.
   - _

3. - Tu penses à mon livre, s'il te plaît ?
   - Oui, je pense <u>à ton livre</u> ; je te l'apporte demain, ça va ?
   - _

4. - On va voir *Spiderman* au cinéma. Tu viens avec nous ?
   - *Spiderman* ? Non merci, allez <u>au cinéma</u> sans moi !
   - _

5. - Est-ce que Marc a accepté la proposition de Louis.
   - Non, je crois qu'il va réfléchir <u>à cette proposition</u>.
   - _

6. - On se retrouve où, à 20 heures ? Au Néo Café ?
   - Euh… Je n'aime pas aller <u>au Néo Café</u>. On va au Danton ?
   - _

Exercice 12

Complete using *lui, leur* or *y*. Make the necessary modifications.

1. - Est-ce que vous avez écrit à nos amis de Nantes ?
 - Oui, on _____ a écrit dimanche.

2. - S'il te plaît, tu penses à mon CD pour demain ?
 - Oui, je _____ pense, je l'ai mis dans mon sac.

3. - Tu es d'accord avec Anne ?
 - Je suis fâchée avec Anne ; je ne _____
 réponds pas.

4. - Elle a parlé aux professeurs d'Antoine ?
 - Oui, elle _____ a expliqué la situation
 d'Antoine.

5. - Pierre a répondu à ton message électronique ?
 - Bien sûr, il _____ a répondu hier soir.

Exercice 13

Create sentences by putting each word group in the correct order.

1. ne / pas / voir / peux / je / la / .
2. expliquer / que / lui / vas / est-ce / tu / ?
3. de / ont / elles / voulu / leur / n' / donner /
 leur / numéro / pas / téléphone / .

4. vous / en / un / pouvez / manger / .
5. ne / voiture / je / en / sais / pas / aller / y / .
6. je / y / déteste / dimanche / le / aller / .
7. tu / les / pourrais / aider / ?
8. dire / vous / pas / devez / leur / ne / .

Décrire un lieu

Livre de l'élève
pages 100 et 101

Exercice 14

Locate these French cities. You can use the map on the cover of your book.
Exemples : • *Nice est au sud de la France*
 • *Bourges est au centre de la France.*

• Dunkerque : _____ .

• La Rochelle : _____ .

• Montpellier : _____ .

• Lille : _____ .

• Marseille : _____ .

• Besançon : _____ .

Exercice 15

Listen to the information about the city of Clermont-Ferrand. Then, complete the text.

Le Puy-de-Dôme est un _____ de la _____ Auvergne. Clermont-Ferrand est une
_____ de 150 000 _____ environ. Elle est entourée de _____ qui s'appellent
le Massif Central. La société Michelin fabrique des pneus pour les _____ . On
peut visiter *Vulcania* qui explique les volcans. Ce musée est à _____ _____ de
Clermont-Ferrand. Clermont-Ferrand est la _____ de l'Auvergne mais on peut
aussi visiter de jolis _____ . On peut faire beaucoup de sport en Auvergne
et du _____ en hiver.

A At the tourist office…

There is some information missing concerning the city. Ask your partner questions, and write his or her answers on the form.

Ville : _____

_____ : Charente-Maritime

Région : _____

Situation : _____, à 400 kilomètres de Paris.

Nombre d'habitants : _____

À visiter : _____, les ports.

À faire : sports nautiques, _____, visite de l'Île de Ré.

B At the tourist office…

There is some information missing concerning the city. Ask your partner questions, and write his or her answers on the form.

Ville : La Rochelle

Département : _____

_____ : Poitou-Charentes

Situation : À l'ouest de la France, _____

Nombre d'habitants : 71 000

À visiter : la vieille ville _____

À faire : _____, festival de musique « Les Francofolies », _____

 À Paris, en Chine

Complete using *à*, *en* **or** *au*.

1. - Vous venez d'où ?
   - J'habite _____ Portugal, _____ Leiria.
   - Et toi ?
   - Je suis français mais je vis _____ Afrique. J'habite _____ Yaoundé, _____ Cameroun.

2. - Tu repars bientôt en voyage, Sylvie ?
   - Oui, je retourne _____ Amérique du Sud. Je vais _____ Argentine, _____ Chili, _____ Colombie et _____ Équateur. Je pars trois semaines.
   - Tu ne vas pas _____ Brésil ?
   - Non, je suis allée _____ Rio et _____ Brasilia en janvier.

E x e r c i c e 1 8

Create eight sentences using the following items.

Il vient		Niger.
Pauline est née	à	Algérie.
Il est	au	Guatemala.
Ils habitent	du	Chine.
Je voudrais aller	en	Angers.
Ils ne sont pas rentrés	d'	Espagne.
Elle va vivre	des	Pays-Bas.
Claudio travaille		Égypte.

1. _____ .
2. _____ .
3. _____ .
4. _____ .
5. _____ .
6. _____ .
7. _____ .
8. _____ .

Vous avez 1 nouveau message

Livre de l'élève
pages 102 et 103

E x e r c i c e 1 9

Complete using the correct form of the verb *voir*.

1. - Qu'est-ce que vous _____ dans
votre boule de cristal, Madame Anouchka ?
- Je _____ un grand amour pour vous…
et aussi un enfant qui joue…

2. - Tu es allé à Londres ! Et qu'est-ce que
tu _____ ?
- Je _____ les différents quartiers, la « Tate Modern »,
le « British Museum » et beaucoup d'autres choses.

3. - Regardons un peu cette carte de France.
Alors, qu'est-ce que nous _____ ?
- Euh… On _____ des villes, des départements
et des régions.

4. - Tu as des lunettes ? Tu ne _____ pas bien ?
- Avec mes lunettes, si, je _____ bien !

5. - Qu'est-ce qu'on _____ de ta fenêtre ?
- C'est super, on peut _____ la tour Eiffel et la
tour Montparnasse !

Très, peu, tellement…

E x e r c i c e 2 0

Match each sentence in the left hand column with a sentence on the right.

1. Pourquoi tu n'invites pas Martine ?
2. Je voudrais ces baskets, elles sont si belles…
3. Tu aimes bien Ludovic ?
4. Elle est gentille, Katia.
5. Il est peu intéressant, ce film…
6. Pourquoi tu n'aimes pas ce livre ?
7. Elle est assez rapide, cette voiture, non ?
8. Son frère est un peu gros ?

a. Ah, oui ! Il est si adorable !
b. Elle est très sympa !
c. C'est vrai, il est même trop long et ennuyeux…
d. Bah… Non, mais il est assez petit.
e. Elle n'est pas très sympa.
f. Elle va même trop vite, c'est dangereux !
g. Oui, mais elles sont tellement chères…
h. Il est tellement mal écrit…

1	2	3	4	5	6	7	8
---	---	---	---	---	---	---	---

From the two possibilities, choose the word that expresses the opposite of the sentence.
Exemple : Il mange assez. ≠ (peu / trop) Il mange peu.

1. Ton copain Nordine est très sympa !
(assez / peu)

-- !

2. Je pense que Nathalie parle trop.
(pas assez / un peu)

-- .

3. Vous devez dormir un peu !
(beaucoup / trop)

-- !

4. Vous mangez trop vite !
(pas assez / un peu)

-- !

5. Elle n'est pas assez grande.
(trop / si)

-- .

Say what you yourself do.
- peu : -- .
- un peu : -- .
- assez : -- .
- beaucoup : -- .
- très : -- .

Complete this dialogue using *très peu, peu, un peu, assez, beaucoup* or *trop.*

Nancy : Vous avez ----- mangé ou vous voulez de la salade avec le fromage ? C'est facile, elle est prête.
Bruno : Ouh ! Non, merci. J'ai ----- aimé votre repas, Nancy, mais je ne peux plus. Je crois que j'ai ----- mangé !
Nancy : Oh… Vous avez ----- mangé : un peu de viande et quelques pommes de terre…
Jacques : Et aujourd'hui, on n'a pas bu ----- : une seule bouteille de vin à six. C'est -----, non ?
Bruno : C'est vrai, on a été ----- sages, aujourd'hui…

phonétique

Aigu, grave, ou circonflexe ?

Look at the chart and complete it using words you know.

	⁄ : accent aigu	＼ : accent grave	＾ : accent circonflexe
a		à, -------------------	-------------------
e	étudiant, café, cinéma -------	père, très -------------------	tête, -------------------
i			-------------------
o			-------------------
u		-------------------	

Exercice 25

Listen and write the words on the chart.

accent aigu	accent grave	accent circonflexe
- - - - -	- - - -	- - - - -
- - - - -	- - - -	- - - - -
- - - - -	- - - -	- - - - -

Exercice 26

Listen and put the correct accent marks on the following words.

1. je prefere – nous preferons   **3.** complete – completez   **5.** je repete – nous repetons

2. un poete – une poesie   **4.** metre – metro   **6.** esperer – il espere

Les vacances

Livre de l'élève
pages 104 et 105

Exercice 27

Choose one of the two subjects, and write about it as indicated.

1) Reread the words of the song, *Simone à la neige*. Simone is writing to her parents to tell them about her holiday in the snow. She tells them that she's enjoying the holiday very much.

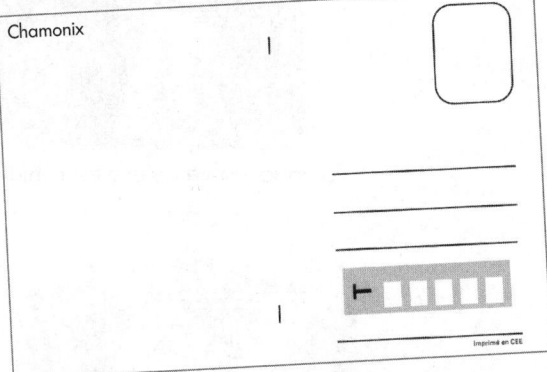

Chamonix

2) Look at activity 25 in your book. Simone is writing to her parents to tell them about her holiday at the seashore.

- -
- -
- -
- -

10

**Au jour,
le jour**

E x e r c i c e   1

🧭 **Livre de l'élève
pages 110 et 111**

Describe what you do during each season. Write two sentences per season.

*Exemples : Je pars en vacances en été.
En été, je vais voir ma famille dans le sud de la France.*

partir en vacances – faire du ski – voyager – nager – planter des fleurs dans le jardin
travailler beaucoup – ramasser des champignons – acheter des pull-overs…

hiver   printemps
été   automne

E x e r c i c e   2

Look at the drawings, and answer each question using *parce que*.

- Pourquoi est-ce qu'il ne fait pas ses exercices ?
- ---

- Pourquoi est-ce qu'elle est contente ?
- ---

- Pourquoi est-ce qu'elle est en colère ?
- ---

- Pourquoi est-ce qu'il ne va pas travailler ?
- ---

Exercice 3

Listen and match each sentence to a question below.

1. Pourquoi est-ce que tu apprends le français à l'université ?

2. Pourquoi est-ce que vous ne travaillez pas aujourd'hui ?

3. Pourquoi est-ce qu'il s'est levé à 6 heures du matin ?

4. Pourquoi est-ce que tu n'as pas répondu à sa lettre ?

5. Pourquoi est-ce qu'on part maintenant ?

6. Pourquoi est-ce que tu es triste ?

1	2	3	4	5	6
---	---	---	---	---	---

Exercice 4

Complete these sentences using *parce que* or *pour*.

1. Je fais du sport _____ .

2. Je pars en vacances à l'étranger _____ .

3. J'écoute beaucoup de musique _____ .

4. Je n'aime pas le théâtre _____ .

Exercice 5

A Monsieur Lainé's morning…

There is some information missing concerning Monsieur Laine's morning. Ask your partner questions, and find out more about what M. Lainé does every morning.

B   Monsieur Lainé's morning…

There is some information missing concerning Monsieur Laine's morning. Ask your partner questions, and find out more about what M. Lainé does every morning.

E x e r c i c e   6

Talk about what you yourself do before leaving the house in the morning.

Outils   Se lever, s'habiller…

Livre de l'élève
pages 112 et 113

E x e r c i c e   7

Put the verbs in parentheses in the present tense.

1. À quelle heure tu (se lever) _ _ _ _ _ le matin ?

2. Elle ne (se maquiller) _ _ _ _ _ pas tous les jours, seulement pour sortir le soir.

3. Vous (s'inquiéter) _ _ _ _ _ pour votre père ?

4. Tu (se coiffer) _ _ _ _ _ toujours très bien.

5. Je ne (s'arrêter) _ _ _ _ _ pas longtemps chez toi, je suis en retard !

6. Bon, on (se dépêcher) _ _ _ _ _ un peu ?

7. Nous adorons cette ville ; nous (s'amuser) _ _ _ _ _ toujours beaucoup ici.

8. Vous (se raser) _ _ _ _ _ deux fois par jour !

Exercice 8

Put these sentences in the negative form.

a) 1. Asseyez-vous ici !
   2. Habille-toi en blanc !
   3. Arrêtez-vous devant l'église !
   4. Couche-toi maintenant !
   5. Levons-nous !

b) 1. On s'est réveillé très tôt.
   2. Vous vous êtes coiffé, ce matin ?
   3. Je me suis ennuyé hier soir.
   4. Tu t'es lavé ?
   5. Je me suis assis sur cette petite chaise.

Exercice 9

Listen and find below, advice corresponding to each sentence.

	répliques
1. Ne te couche pas trop tard…	_ _ _ _ _
2. Reposez-vous un peu.	_ _ _ _ _
3. Coiffe-toi et maquille-toi un peu et ça va aller.	_ _ _ _ _
4. Non, prends plutôt la première à droite.	_ _ _ _ _
5. Ne vous énervez pas, ça ne change rien…	_ _ _ _ _
6. Ne t'en fais pas, ça va marcher !	_ _ _ _ _

Exercice 10

Put the verbs in parentheses in the correct form.

Exemple :   *J'ai des difficultés pour (se lever) le matin.*
             J'ai des difficultés pour me lever le matin.

1. Tu n'aimes pas du tout (s'habiller) _ _ _ _ _ en noir ?
2. J'ai horreur de (se lever tôt) _ _ _ _ _ !
3. Il a du mal à (se coucher) _ _ _ _ _ avant minuit.
4. Nous ne voulons pas (se dépêcher) _ _ _ _ _ ce matin.

5. Elle a onze ans et elle voudrait (se maquiller) _ _ _ _ _ !
6. Je suis fatigué et j'ai besoin de (se reposer) _ _ _ _ _ un peu.

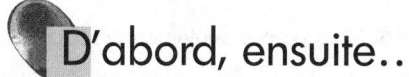

D'abord, ensuite…

Exercice 11

a) Look at the drawings, and put them in the correct order.

b) Talk about Madame Chabut's day. Use *d'abord, ensuite,* etc.

Les registres de langue

Livre de l'élève
pages 114 et 115

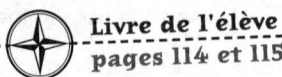

Exercice 12

Listen and match each familiar word with its standard language counterpart.

1. le mec	**a.** le travail
2. la bagnole	**b.** l'argent
3. la bouffe	**c.** la fille
4. le fric	**d.** la voiture
5. le boulot	**e.** l'homme, le garçon
6. la nana	**f.** le repas

1	2	3	4	5	6
---	---	---	---	---	---

Exercice 13

Have some fun changing these sentences into spoken French.
Exemple : Le professeur n'est pas là. ➜ *Le prof est pas là.*

1. Tu as une voiture, toi ?

2. Il ne faut pas oublier le repas de ce soir.

3. Je ne peux pas venir, j'ai trop de travail.

4. Est-ce qu'il vous a donné de l'argent ?

5. Il y a un gentil garçon brésilien dans ma classe.

6. Vous n'êtes que deux filles pour faire la cuisine ?

Exercice 14

Transform these sentences as in the example.
Exemple : J'ai mangé seulement un en-cas pour le déjeuner.
*Je **n'**ai mangé **qu'**un en-cas pour le déjeuner.*

1. Il va me rester seulement 8 euros.

2. Il faut seulement trois heures pour aller de Paris à Marseille en TGV.

3. Ce n'est pas grave, on est seulement un peu en retard…

4. Pour demain, on a seulement l'exercice 2 sur le subjonctif.

5. Vous prenez seulement un sucre dans votre café ?

6. J'ai eu seulement une place pour le concert de Johnny Hallyday.

7. On va commander seulement un plat pour nous deux.

8. Cette année, ils ont eu seulement une semaine de vacances.

Exercice 15

Answer the questions using *ne… que*.
Exemple : - Qu'est-ce que tu prends ? Tu as faim ?
- Non, je ne vais prendre qu'une salade.

1. Jean a beaucoup de frères et sœurs ?

2. Il y a encore des étudiants dans la classe ?

3. Vous avez reçu beaucoup de cartes postales cet été ?

4. Est-ce qu'elle a obtenu beaucoup d'argent ?

5. J'aimerais qu'on discute un peu tous les deux ; vous avez un peu de temps ?

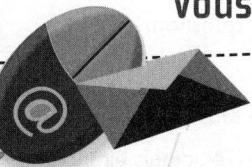

Les parties du corps

E x e r c i c e 16

Complete the sentences using the name of a part of the body.

1. Je ne peux pas courir avec ces chaussures ; j'ai mal aux _ _ _ _ _ .

2. Lave-toi les _ _ _ _ _ avant de manger !

3. J'ai oublié mes lunettes, j'ai mal aux _ _ _ _ _ .

4. Mes cheveux sont trop courts, j'ai froid aux _ _ _ _ _ .

5. Ouvrez bien la _ _ _ _ _ pour parler français correctement.

6. Les enfants, pensez à vous brosser les _ _ _ _ _ avant de vous coucher.

E x e r c i c e 17

In each series, cross out the word that doesn't belong.

1. le ventre – les yeux – le nez – la bouche – les oreilles

2. le doigt – les pieds – la main – le bras – l'épaule

3. le bras – la jambe – la main – le pied – la joue

4. la tête – le nez – la jambe – la joue – la bouche

5. les dents – le pied – l'oreille – les cheveux – le nez

Vous avez 1 nouveau message

Livre de l'élève
pages 116 et 117

L'interrogation

E x e r c i c e 18

Find a question corresponding to each answer. Use *quel(s)* or *quelle(s)*.

1. - _____ ?
   - Mes sports préférés ? Le foot et le basket !

2. - _____ ?
   - Il est argentin.

3. - _____ ?
   - C'est le 04 71 23 32 33.

4. - _____ ?
   - J'habite 13, rue des Plantes à Paris, dans le XIVe arrondissement.

5. - _____ ?
   - Les couleurs du drapeau japonais ? Blanc et rouge.

E x e r c i c e 19

Listen and complete.

Quel : n⁰ˢ _____   Quelle : n⁰ˢ _____

Quels : n⁰ˢ _____   Quelles : n⁰ˢ _____

Exercice 20

Listen and match each dialogue with a drawing.

a. dialogue _ _ _ **b.** dialogue _ _ _ **c.** dialogue _ _ _

Exercice 21

Ask questions using the words below in their correct form.

a) langue standard

1. - (vous / vouloir) _ _ _ _ _ _ _ _ _ partir maintenant ?
- Non, on a encore un peu de temps.
2. - (tu / pouvoir) _ _ _ _ _ _ _ _ _ m'aider, s'il te plaît ?
- Bien sûr. Qu'est-ce que je peux faire pour toi ?
3. - (ton frère / aller) _ _ _ _ _ _ _ _ _ à Paris cet été ?
- Non, il ne peut pas. Il reste à Madrid.

b) langue soutenue

1. - (vous / aimer) _ _ _ _ _ _ _ _ _ les fruits ?
- Oui, surtout les fraises !
2. - (tu / sortir) _ _ _ _ _ _ _ _ _ souvent, en semaine ?
- Non, que le samedi soir. Je vais danser avec mes amis.
3. - (vous / connaître) _ _ _ _ _ _ _ _ _ Marie-Ange et Patrice ?
- Non, qui est-ce ?

Exercice 22

Write the two other possible forms for each question. Then underline the formal question.
Exemple : Tu habites ici ? **Est-ce que tu habites ici ?** <u>**Habites-tu ici ?**</u>

1. Avez-vous des frères et sœurs ?

2. Il a fait beaucoup d'efforts ?

3. Pourquoi est-ce que vous vous levez tôt le matin ?

4. Vous changez souvent d'appartement ?

5. À quelle heure est-ce que tu pars, vendredi ?

6. Connaissez-vous beaucoup d'étudiants étrangers ?

7. Il vit où, Pascal ?

8. Comment est-ce qu'on va aller à Turin ?

Exercice 23

Ask questions (formally) corresponding to these statements.

1. - _ ?
- J'ai 38 ans.
2. - _ ?
- Je suis parti parce que j'ai eu envie de rentrer chez moi.
3. - _ ?
- 10, rue de la Monnaie, c'est juste derrière le Palais des Sports.
4. - _ ?
- Ça va, merci. Et toi ?

5. - _ ?
- Oui, nous adorons la cuisine japonaise.
6. - _ ?
- Elle part à 8 heures.
7. - _ ?
- Il habite à Perpignan.
8. - _ ?
- Il est 9 h 25.

Exercice 24

Put the elements in the correct order, to create formal questions.

Exemple : il / où / - / est / parti / ? → *Où est-il parti ?*

1. levé / tu / quelle / - / à / heure / es / t'/ ?

2. demain / allez / - / nous / soir / vous / venir / avec / ?

3. - / chez / habite / parents / t / - / il / ses / ?

4. si / t' / pourquoi / tard / - / tu / couché / es / ?

5. manger / vous / pour / vous / où / arrêtez / - / ?

6. t / dit / quand / ça / vous / a / - / - / il / ?

7. avez / lui / - / vous / quelque / demandé / chose / ?

8. nous / t' / - / tu / pour / inquiété / es / ?

phonétique

[ɛ] (comme dans *lait*) et [ɛ̃] (comme dans *vin*)

Exercice 25

Listen and complete the words with the sound [ɛ].

1. Je ne s__s pas où je v__s.
2. C__tte fille est vr__ment tr_s jolie !
3. Il parle franç__s ou angl__s ?

4. R_ste là, je v__s t'apporter du l__t.
5. J'__ envie de conn__tre ton fr_re.

Exercice 26

Listen and complete the words with the [ɛ̃] sound.

1. On va manger, j'ai très f___ !
2. Dem___, c'est ___ possible, je suis désolée.
3. Vous voulez __ peu de v__ ou seulement de l'eau ?

4. Tu as __ chi__ ou __ chat ?
5. Tu vi__s l__di ?

Les Français et la lecture

Livre de l'élève
pages 118 et 119

Exercice 27

Listen to these people, and give each one's opinion.

Louise •
Pierre •
Laurène •
Michel •
Lucie •

• ne lit que des BD.
• n'aime pas les livres.
• lit pendant les voyages.
• aime lire et ne voit pas les heures passer.
• apprend beaucoup de choses dans les livres.

Exercice 28

Write a short text saying if you like to read or not. If you do, give the reason why, and talk about the books you like. If you don't, explain why, and describe what you would rather do.

11 Roman

Exercice 1

Livre de l'élève
pages 120 et 121

Put the verbs in parentheses in the *passé composé*.

1. Il (être) _____ très malade et il (passer) _____ un mois à l'hôpital.
2. Les enfants (descendre) _____ l'escalier quatre à quatre.
3. Lucie (monter) _____ dans l'arbre pour attraper le chat et elle (tomber) _____ .
4. Non, ça ne va pas, elle (passer) _____ une très mauvaise journée.
5. On (sortir) _____ la table et les chaises pour manger dans le jardin.
6. Quand est-ce que Valérie (passer) _____ chez toi ?
7. Vous (sortir) _____ à quelle heure ?
8. Tous les enfants (descendre) _____ du train ?
9. Chéri, est-ce que tu (sortir) _____ la poubelle ?
10. Pourquoi tu (descendre) _____ cette vieille boîte du grenier ?

Exercice 2

Match an item on the left to one on the right.

1. Je suis sorti	a. de l'arbre après une heure.	1
2. J'ai sorti	b. les pots de confiture à la cave.	2
3. Elle est passée	c. à la tour Eiffel ?	3
4. Elle a passé	d. à l'université, ce matin.	4
5. Il est descendu	e. la pizza du frigo.	5
6. Il a descendu	f. une heure dans le bureau du directeur.	6
7. Vous êtes monté	g. les livres au cinquième étage ?	7
8. Vous avez monté	h. du musée à six heures.	8

Exercice 3

Complete the sentences using *aller, venir, retourner, revenir, partir* or *quitter*.

1. Mon amie russe, Natacha, arrive en France le 14 mai. Elle _____ à Moscou le 7 juin.

2. Cette année, on _____ en vacances en Grèce. On _____ le 10 juillet et on _____ en France le 27 juillet.

3. Catherine veut _____ Paris. Elle veut _____ dans le sud de la France, dans une petite ville comme Aix-en-Provence ou Arles.

4. Mon amie canadienne, Esther, va _____ ici au mois de décembre.

5. Isabelle connaît un peu les Philippines. Elle _____ là-bas en 2002. Elle veut y _____ l'année prochaine.

E x e r c i c e 4

Write sentences using each of the following verbs.

1. aller ➜ --

2. venir ➜ --

3. retourner ➜ --

4. revenir ➜ --

5. partir ➜ --

6. quitter ➜ --

7. entrer ➜ ---

8. rentrer ➜ ---

 Outils ## Les indicateurs de temps

Livre de l'élève
pages 122 et 123

E x e r c i c e 5

Reread the story of Julie and François. Complete the following sentences using the words below. Then indicate the date and the time.

le lendemain - tout de suite - un mois plus tard

Julie a quitté François.	Elle a trouvé un taxi _ _ _ _ _ .	Elle n'est pas allée travailler _ _ _ _ _ .	Elle a quitté Paris _ _ _ _ _ .
Date : le jeudi 7 mai Heure : à 15 heures	Date : le jeudi 7 mai Heure : _ _ _ _ _ .	Date : _ _ _ _ _ .	Date : _ _ _ _ _ .

E x e r c i c e 6

Read the sentences below. Then complete the text using *le lendemain, jusqu'à, pendant, un mois plus tard*.

- 5 avril : Yannick prend l'avion à Paris.
- 6 avril : il arrive à Mexico.
- du 7 avril au 14 avril : il visite le sud du Mexique.
- le 15 avril : il rencontre Marianne à Mérida.
- le 30 avril : il rentre en France.
- le 30 mai : Marianne arrive en France pour retrouver Yannick.

Yannick est allé au Mexique. Il a pris l'avion le 5 avril et il est arrivé à Mexico _ _ _ _ _ Il a visité le sud du Mexique _ _ _ _ _ une semaine. _ _ _ _ _ son voyage dans le sud, il a rencontré Marianne. Il est resté avec Marianne _ _ _ _ _ la fin de son voyage. Le 30 avril, il est rentré en France et Marianne est venue en France _ _ _ _ _ .

Read Julie's letter to Lisa, and mark the box corresponding to each expression.

Marseille, le 8 juillet

Ma chère Lisa,

Comment vas-tu ? François et moi, c'est fini. Je l'ai quitté, il y a deux mois. J'ai beaucoup aimé François, mais, il y a six mois, il a commencé à changer et la vie avec lui est devenue insupportable. Pendant des mois, j'ai cherché une solution. Et puis, je suis partie. J'ai été très triste, bien sûr, mais bon, c'est la vie !
Puis, j'ai décidé de quitter Paris. Et me voilà à Marseille ! Je suis ici depuis le 1ᵉʳ juin et je travaille depuis une semaine dans une agence de voyages. C'est super !

Bises,
Julie

- il y a 2 mois =
  ☐ le 8 mai.
  ☐ du 8 mai au 8 juillet.
  ☐ un jour entre le 8 mai et le 8 juillet.

- depuis une semaine =
  ☐ le 1ᵉʳ juillet.
  ☐ du 1ᵉʳ juillet au 8 juillet.
  ☐ un jour entre le 1ᵉʳ juillet et le 8 juillet.

Cross out the incorrect word.

1. Vincent est tombé malade [jusqu'à / pendant] son voyage aux Antilles.
2. Elle est arrivée en France [il y a / pendant] un mois.
3. On a regardé la télévision [pendant / jusqu'à] minuit.
4. Elle va travailler au Gabon [depuis / pendant] trois mois.
5. Caroline ne dort pas très bien [depuis / pendant] son accident de voiture.
6. Le 20 mai ? Non, impossible, je vais être au Cameroun [jusqu'au / depuis le] 27 mai.
7. Les Français utilisent l'euro [depuis / il y a] le 1ᵉʳ janvier 2002.
8. Léonard de Vinci a peint *La Joconde* [pendant / il y a] 500 ans.
9. Louis XIV a été le roi de la France [pendant / depuis] 72 ans.
10. Le TGV existe [depuis / il y a] 1981.

Complete the letter using the correct time indicators.

Chers parents,   Chamonix, le 10 février 2004

Voilà ! Je suis à Chamonix _____ dimanche. Je suis très contente de pouvoir rester ici _____ une semaine. Une semaine avec la neige et le soleil ! Ah, c'est bien !
Je fais du ski tous les jours _____ 17 heures. Aujourd'hui, j'ai rencontré un jeune homme sympathique. _____ une heure, il m'a téléphoné pour m'inviter à dîner...
N'oubliez pas mes plantes _____ mes vacances : elles ont besoin d'eau !

Je vous embrasse,
Simone

Complete the sentences.

1. Depuis une semaine, je _____ .   **4.** Depuis 2002, je _____ .

2. Il y a une semaine, je _____ .   **5.** Jusqu'à la fin du mois, je _____ .

3. Pendant un mois, je _____ .   **6.** Pendant les vacances, je _____ .

Write a sentence using *depuis*, *il y a* and *pendant*.
Exemple : J'apprends le français depuis un mois.

1. *depuis :* _____ .

2. *il y a :* _____ .

3. *pendant :* _____ .

L'accord au passé composé

Put the verbs in parentheses in the *passé composé*.

1. Ma sœur (partir) _____ en Pologne.

2. La lettre de Mariko (arriver) _____ hier.

3. Quand elle a vu le résultat de l'examen, Véronique (se mettre) _____ à pleurer.

4. Elles (retourner) _____ chez elles.

5. Ma femme et moi, nous (rentrer) _____ à 3 heures du matin.

6. La bouteille d'huile (tomber) _____ et elle (se casser) _____ .

7. Grand-mère (s'asseoir) _____ sur ses lunettes.

Listen to the recording, and use the words below to describe Julie's trip.

Julie - Natalia - Moscou - l'aéroport - la place Rouge - le Kremlin - le quartier de l'Arbat - l'hôpital - la France - l'ambulance

Julie est allée en vacances à Moscou. _____

_____

Outils Exprimer son accord ou son désaccord

Livre de l'élève
pages 124 et 125

Write a brief dialogue using the two negative forms.

1. ne… plus   **2.** ne… jamais

_____   _____

_____   _____

_____   _____

Listen to the six situations, and indicate whether the people agree or disagree.
Mark the correct boxes.

situations	1	2	3	4	5	6
accord	☐	☐	☐	☐	☐	☐
désaccord	☐	☐	☐	☐	☐	☐

E x e r c i c e   16

Write a brief dialogue using the two negative forms.

1. C'est une bonne idée.

- -

2. Tu te trompes.

- -

3. Tu plaisantes ?

- -
- -

4. Tu as raison.

- -

5. J'en ai marre.

- -
- -

E x e r c i c e   17

Choose a drawing, and write a dialogue about it.

- -
- -
- -

- -
- -
- -

Exercice 18

First, write your answer (column 1). Then, ask your partner if he or she agrees or not. (Mark the correct box in column 2.)

Qu'est-ce que vous pensez de… ?	colonne 1 Votre avis	colonne 2 Votre partenaire	
		est d'accord	n'est pas d'accord
Le froid, en hiver ? C'est insupportable !	*C'est insupportable !*	☐	☒
Les familles avec 7 ou 8 enfants ?	- - - - -	☐	☐
Les bus dans les villes ?	- - - - -	☐	☐
Les hommes avec des cheveux longs ?	- - - - -	☐	☐
Les téléphones portables à l'école ou au restaurant ?	- - - - -	☐	☐
Les arbres dans les villes ?	- - - - -	☐	☐
Le sport à la télévision ?	- - - - -	☐	☐
Les parcs avec des animaux exotiques ?	- - - - -	☐	☐
Les musées ?	- - - - -	☐	☐
Les cours de français ?	- - - - -	☐	☐

Vous avez 1 nouveau message

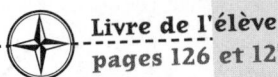 **Livre de l'élève
pages 126 et 127**

Comparer

Exercice 19

Complete the dialogues using some of the following words:
différent - identique - pareil - même - autre - comme - ressembler - se ressembler - plus - moins.

1. - C'est Sophie, là, à droite, sur la photo ?
- Non, c'est Sandrine, sa sœur.
- Oh là là, elles _ _ _ _ _ .

2. - Les pêches ? C'est 2,50 euros le kilo.
- Et les abricots ?
- C'est le _ _ _ _ _ prix : 2,50 euros.

3. - Et Martha, elle a 25 ans ?
- Non, elle est _ _ _ _ _ jeune, elle a 22 ans.

4. - Qu'est-ce qui est plus grand : un kilomètre ou mille mètres ?
- Quelle question ! Un kilomètre et mille mètres, c'est _ _ _ _ _ !

5. - Oh qu'il est joli ce petit garçon !
- Oh, oui ! Et il _ _ _ _ _ à son père : ils ont les _ _ _ _ _ oreilles !

Exercice 20

Compare your country to another country. Use the following words:
ressembler - se ressembler - identique - pareil - comme - plus - moins.

- -
- -
- -

Write a brief dialogue using the following expressions.

1. C'est la même chose.

2. Ce n'est pas pareil.

In pairs, look at the drawings, and answer orally.

a) Les deux lignes au centre [\ et /] ont-elles la même longueur?

c) Les deux cercles au centre sont-ils identiques ?

 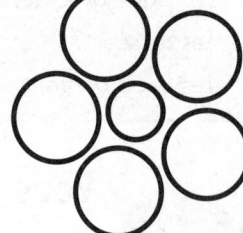

b) Les deux lignes horizontales sont-elles identiques?

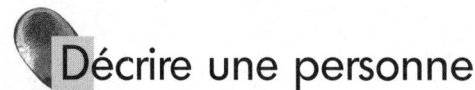

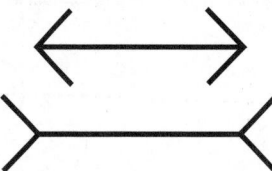

Décrire une personne

Write the opposite of these words.

1. heureux ≠ *triste*

2. drôle ≠ _ _ _ _ _

3. froid ≠ _ _ _ _ _

4. mal habillé ≠ _ _ _ _ _

5. stupide ≠ _ _ _ _ _

Look at the drawings and listen to the descriptions. Under each drawing, write the correct first name (*Caroline* or *Mathilde*).

1. _ _ _ _ _

2. _ _ _ _ _

phonétique

[a] (comme dans *Canada*) et [ã] (comme dans *France*)

Exercice 25

Listen to the sentences, and mark the correct box.

1. ☐ Quelle chasse !   ☐ Quelle chance !
2. ☐ Regarde l'orage !   ☐ Regarde l'orange !
3. ☐ Il veut tâter.   ☐ Il veut tenter.
4. ☐ Je vais avec Laura.   ☐ Je vais avec Laurent.
5. ☐ Ils apprennent.   ☐ Ils en prennent.
6. ☐ Ils sont là.   ☐ Ils sont lents.
7. ☐ J'aime les trajets.   ☐ J'aime l'étranger.
8. ☐ Je l'apporte.   ☐ Je l'emporte.
9. ☐ Où sont les gars ?   ☐ Où sont les gants ?

Exercice 26

Listen and complete the words with the sound [ã].

1. Je pars __ vac__ces mardi.
2. Il est d__s sa ch__bre.
3. Elle arrive le tr__te déc__bre.
4. Les __f__ts att__dent l'autobus.
5. Gr__d-père va avoir c__t __s.
6. Tu comm__ces qu__d ?

La francophonie

Livre de l'élève
pages 128 et 129

Exercice 27

Read this short text and find out who the people are and what the problem is.

À l'institut Guessous, j'appris le français par le commencement : l'alphabet. Il était sous-développé. Comparé à notre alphabet à nous, il lui manquait plusieurs lettres, les sons « gh », « ts », « th », « dz », « a' », et j'en passe. Notre professeur était très patient avec moi, répétait en souriant : « Ce n'est pas une traduction de l'arabe. C'est une *autre* langue. » Lorsqu'il me fallut allier des consonnes et des voyelles pour former des mots, ce fut l'incompréhension totale. Habitué à écrire de droite à gauche, j'écrivis de droite à gauche, en toute logique. Quelque chose comme : *ssirD tse mon noM*. Le professeur se montra habile devant ce cas de figure. Il se saisit d'un miroir et rétablit la phrase dans le bon sens : *Mon nom est Driss*. C'était simple. Le monde des Européens, à commencer par leur langage, était l'inverse du nôtre.

Driss CHRAÏBI,
Vu, lu, entendu, 1998, p. 28

12

Je te retrouverai

Livre de l'élève
pages 130 et 131

Exercice 1

Which sense do we use to discover… Write one of the senses in front of each word. *Exemple : une musique : l'ouïe*

1. une odeur : _ _ _ _ _

2. un rire : _ _ _ _ _

3. un sourire : _ _ _ _ _

4. un chocolat : _ _ _ _ _

5. une bise : _ _ _ _ _

Exercice 2

Listen and match each sentence with a verb.

a. goûter   **b.** sentir   **c.** voir   **d.** entendre   **e.** toucher

1	2	3	4	5
- - -	- - -	- - -	- - -	- - -

Exercice 3

Write a brief dialogue for each of these words or expressions.

1. promis

----

2. sans aucun doute

----

3. les coordonnées

----

4. Qu'est-ce qui t'a pris ?

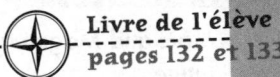

Unité 12

 Le futur simple

Livre de l'élève
pages 132 et 133

Exercice 4

Complete the chart.

	je	tu	il/elle/on	nous	vous	ils/elles
retrouver	_ _ _ _	_ _ _ _	retrouvera	_ _ _ _	_ _ _ _	_ _ _ _
étudier	_ _ _ _	étudieras	_ _ _ _	_ _ _ _	_ _ _ _	_ _ _ _
payer	paierai	_ _ _ _	_ _ _ _	_ _ _ _	_ _ _ _	_ _ _ _
choisir	_ _ _ _	_ _ _ _	_ _ _ _	choisirons	_ _ _ _	_ _ _ _
dire	_ _ _ _	_ _ _ _	_ _ _ _	_ _ _ _	_ _ _ _	diront
prendre	_ _ _ _	_ _ _ _	_ _ _ _	_ _ _ _	prendrez	_ _ _ _

Exercice 5

Complete the chart.

	je	vous	ils/elles
aller	_ _ _ _	irez	_ _ _ _
avoir	_ _ _ _	_ _ _ _	_ _ _ _
devoir	devrai	_ _ _ _	_ _ _ _
être	_ _ _ _	_ _ _ _	_ _ _ _
faire	_ _ _ _	_ _ _ _	feront
pouvoir	_ _ _ _	_ _ _ _	_ _ _ _
venir	viendrai	_ _ _ _	_ _ _ _
vouloir	_ _ _ _	voudrez	_ _ _ _

Exercice 6

Put the verbs in parentheses in the simple future.

1. Je pense qu'on (arriver) _ _ _ _ _ assez tard.

2. Vous (avoir) _ _ _ _ _ mon test mardi matin, c'est promis.

3. Tu (remercier) _ _ _ _ _ bien Monsieur Revol pour moi, hein ?

4. Ils ne (vouloir) _ _ _ _ _ pas revenir l'année prochaine.

5. On (aller) _ _ _ _ _ au restaurant et on (choisir) _ _ _ _ _ un très bon menu.

6. Marie-Pierre (venir) _ _ _ _ _ chez nous mardi soir ?

7. Je ne (pouvoir) _ _ _ _ _ jamais l'oublier…

8. Mon frère (essayer) _ _ _ _ _ de t'aider, ne t'inquiète pas.

9. Elles (comprendre) _ _ _ _ _ bien qu'il faut partir !

10. Vous (dire) _ _ _ _ _ bonjour à Louis !

Marc and Magali are discussing their next trip. Put the verbs in parentheses in the simple future.

Nous (partir) _ _ _ _ _ le 3 mai à 6 heures. Nous (prendre) _ _ _ _ _ le train pour l'aéroport Charles de Gaulle à Paris et notre avion (décoller) _ _ _ _ _ à 11 h 30. Nous (arriver) _ _ _ _ _ à Ténériffe à 17 h 50 parce que l'avion (faire) _ _ _ _ _ une escale à Madrid et nos amis Ana et Lauro nous (attendre) _ _ _ _ _ à l'aéroport. Ensuite, nous (aller) _ _ _ _ _ chez eux pour dîner, dormir et surtout discuter ! Le 4 mai, nous (visiter) _ _ _ _ _ Ténériffe et ses environs et nous (commencer) _ _ _ _ _ notre randonnée dans les montagnes le 6. Lauro (porter) _ _ _ _ _ le sac à dos et moi, je (prendre) _ _ _ _ _ les photos… Nous (revenir) _ _ _ _ _ à Ténériffe le 11 et nous (rentrer) _ _ _ _ _ le 13 à Paris où nous (passer) _ _ _ _ _ deux ou trois jours. Après, il (falloir) _ _ _ _ _ rentrer en Bretagne et retourner au bureau…

Parler de l'avenir

You go to see a fortune teller. She reads your future in her crystal ball. Write the verbs in the simple future.

1. (tomber amoureux) Vous _____ .

2. (se marier dans deux ans) Vous _____ .

3. (avoir deux enfants) Vous _____ .

4. (gagner plus d'argent) Vous _____ .

5. (être heureux) Vous _____ .

6. (faire de grands voyages) Vous _____ .

7. (rencontrer des personnes extraordinaires) Vous _____ .

8. (pouvoir tout faire) Vous _____ .

a) Look at the document on page 99 and find your Zodiac sign.

Mon signe : _ _ _ _ _

b) Read the predictions for *Belier* (Ares), and correct the false statements.

1. Les « *Béliers* » auront des problèmes avec leur famille ou leurs amis.

_____ .

2. Ils doivent être d'accord pour travailler plus.

_____ .

3. Ils vont rencontrer un autre « *Bélier* » et ils auront de petits problèmes ensemble.

_____ .

4. Ils doivent se coucher tôt.

_____ .

c) You're not a Belier. Have some fun completing the predictions for your sign.

You are a Belier. Choose a sign you like, and write your predictions.

HOROSCOPE

 Bélier
(21/03 - 20/04)

Travail : Vous aurez de petits problèmes avec vos collègues. Ils vous demanderont de travailler un peu plus. Acceptez.
Amour : Vous rencontrerez un autre bélier. Vous serez heureux et troublé.
Santé : Reposez-vous.

 Taureau
(21/04 - 20/05)

Travail :

Amour :

Santé :

 **Gémeaux**
(21/05 - 21/06)

Travail :

Amour :

Santé :

 Cancer
(22/06 - 22/07)

Travail :

Amour :

Santé :

 **Lion**
(23/07 - 23/08)

Travail :

Amour :

Santé :

 Vierge
(23/09 - 22/09)

Travail :

Amour :

Santé :

 Balance
(23/09 - 22/10)

Travail :

Amour :

Santé :

 Scorpion
(23/10 - 21/11)

Travail :

Amour :

Santé :

 Sagittaire
(22/11 - 20/12)

Travail :

Amour :

Santé :

 Capricorne
(21/12 - 19/01)

Travail :

Amour :

Santé :

 **Verseau**
(20/01 - 18/02)

Travail :

Amour :

Santé :

 Poissons
(19/02 - 20/03)

Travail :

Amour :

Santé :

Exercice 10

Listen to the predictions, and find the Zodiac sign corresponding to each statement.

1. Il doit s'amuser et ne plus être triste.
2. Il n'a plus de problème au travail et il ira très bien aujourd'hui.
3. Il sera un peu fâché avec un Sagittaire.
4. Il aura de petits problèmes d'argent.
5. Il doit penser plus à sa famille.
6. Il va peut-être rencontrer l'amour…
7. Il doit penser plus à son travail.

- • Gémeaux
- • Lion
- • Balance
- • Scorpion
- • Capricorne
- • Verseau
- • Poissons

 Quel temps fait-il ?

Livre de l'élève
pages 134 et 135

Exercice 11

Listen to the weather report, and match the forecasts to the corresponding regions.

1. Il y aura des nuages.
2. Les températures seront fraîches.
3. Les températures seront agréables.
4. Il y aura du vent.
5. Le temps sera chaud.
6. Il pleuvra.

- • en Auvergne
- • en Bretagne
- • en Corse
- • dans les Alpes
- • au sud
- • au centre
- • à l'est
- • au nord

Exercice 12

What's the weather for tomorrow? Write a weather forecast for any four cities you like.

Moscou	Madrid	Oslo	Istanbul	Panama	Tunis
	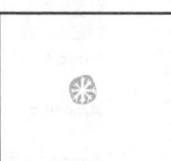		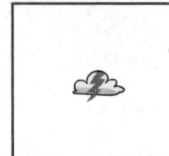		
Matin : - 15°	Matin : 15°	Matin : - 5°	Matin : 8°	Matin : 27°	Matin : 17°
Après-midi : - 10°	Après-midi : 16°	Après-midi : - 1°	Après-midi : 14°	Après-midi : 31°	Après-midi : 25°

Exprimer des souhaits

Exercice 13

Write the subjunctive of the words in parentheses.

1. Franck aimerait que François (venir) _ _ _ _ _ pour les 80 ans de grand-mère.

2. Explique-lui pour qu'il (comprendre) _ _ _ _ _ bien.

3. Le professeur veut qu'on (finir) _ _ _ _ _ l'unité 12 jeudi.

4. J'aimerais vraiment qu'on (revoir) _ _ _ _ _ nos amis Le Guellec.

5. Tu travailles trop, il faut que tu (sortir) _ _ _ _ _ un peu…

6. Demain, je voudrais qu'on (partir) _ _ _ _ _ avant 8 heures.

7. Il faut que nous (s'arrêter) _ _ _ _ _ à la boulangerie.

8. On aimerait beaucoup que vous (connaître) _ _ _ _ _ notre pays.

Exercice 14

Create a sentence using *pour que*.
Exemple : Je t'ai écrit / tu réponds → Je t'ai écrit pour que tu répondes.

1. Je t'ai prêté un ticket / tu prends le métro. → _ .

2. Il t'a donné son adresse / tu lui écris. → _ .

3. On ira à la bibliothèque / tu choisis un livre. → _ .

4. Christian m'a appelé / on dîne ensemble ce soir. → _ _ _ _ _ _ _ _ _ _ _ _ _ _ _ _ _ _ _ .

5. Je te pose la question / tu me dis où tu vas. → _ .

6. Téléphone à Pierre-Jean / il vient avec nous prendre un petit café. → _ _ _ _ _ _ _ _ _ _ _ _ _ .

Exercice 15

Read these sentences and indicate the form of the underlined verb. Mark the correct box.

	indicatif	subjonctif
1. Je sais qu'elle <u>aime</u> la littérature américaine.	☐	☐
2. J'aimerais bien que tu <u>parles</u> à Jean-Pierre.	☐	☐
3. Il faut que tu <u>goûtes</u> la cuisine indonésienne ; c'est excellent.	☐	☐
4. Roger pense que tu <u>travailles</u> avec moi.	☐	☐
5. Tu veux que j'<u>achète</u> le journal ?	☐	☐
6. Je pense que Marie <u>déteste</u> le rap.	☐	☐
7. J'espère que tu <u>écoutes</u> bien ton professeur.	☐	☐

phonétique

[o] (comme dans *eau*) et [ɔ̃] (comme dans *mon*)

Listen and mark the box corresponding to the sentence you hear.

1. ☐ Il est très beau.   ☐ Il est très bon.
2. ☐ Bonjour Léo !   ☐ Bonjour Léon !
3. ☐ Fais un do.   ☐ Fais un don.
4. ☐ Regarde le joli pot !   ☐ Regarde le joli pont !
5. ☐ Il faut un exercice.   ☐ Ils font un exercice.
6. ☐ C'est un seau.   ☐ C'est un son.
7. ☐ J'aime ce mot.   ☐ J'aime ce mont.
8. ☐ Voilà mon héros préféré.   ☐ Voilà mon héron préféré.

Listen and mark the box corresponding the the sound you hear.

	1	2	3	4	5	6	7	8
[o]	☐	☐	☐	☐	☐	☐	☐	☐
[ɔ̃]	☐	☐	☐	☐	☐	☐	☐	☐

Vous avez 1 nouveau message

Livre de l'élève
pages 136 et 137

Décrire, caractériser une personne

Read these descriptions, and write the opposite of each characteristic.
Exemple : Il est petit, châtain aux yeux marron. → *Il est grand, blond aux yeux verts.*

1. Elle est grande et mince, et elle a les cheveux courts.
2. Il est brun aux yeux noirs et il a l'air triste.
3. Il est vieux et un peu fort. Il a un petit nez et de grands yeux bleus.
4. Elle est brune aux cheveux longs et frisés. Elle a des petites lunettes et elle n'a pas l'air très sympathique.

Exercice 19

Choose a person and describe him/her.

Exercice 20

Describe someone you really like.

 Temps et durée

Exercice 21

Match each question with the corresponding answer.

1. Tu pars dans un mois en Suisse ?

2. Vous allez de Paris à Angers en train ?

3. Les phrases sont difficiles, non ?

4. Alors, c'est quand le départ ?

5. Vous allez à Paris demain ?

6. C'est dur de trouver un bel appartement, non ?

a. Pas trop. On a fait l'exercice en 15 minutes.

b. Moi, j'ai trouvé en deux jours !

c. Nous partons dans six jours.

d. Non, bientôt ! Dans trois jours !

e. Bien sûr. En une heure trente, on y est !

f. Non, on ira dans trois ou quatre jours.

1	2	3	4	5	6
---	---	---	---	---	---

Exercice 22

Complete using *en* or *dans*.

1. Je vais passer mes examens _____ deux jours.

2. Claudine a préparé un gâteau _____ quelques minutes.

3. Vite, on part _____ trois minutes !

4. Je ne sais pas où je serai _____ un an…

5. Vite, il est 11 h 30 et à midi, on a un rendez-vous !
On doit écrire cette lettre _____ 20 minutes.

6. J'ai repeint mon appartement _____ une semaine.

7. _____ trois jours, nous partirons à Barcelone.

8. Le film va commencer _____ 10 minutes.

Write a brief dialogue for each word.

1. en

----

3. depuis

----

2. dans

----

4. pendant

Notre vie dans 50 ans

Livre de l'élève
pages 138 et 139

Exercice 24

Listen and correct the false statements.
Exemple : Elle pense qu'il n'y aura plus de progrès scientifiques. → Non, elle pense qu'il y aura de gros progrès scientifiques.

1. Elle pense que la recherche médicale progressera.

----

2. Elle a peur parce que, bientôt, on pourra soigner les maladies très graves.

----

3. C'est bien de pouvoir choisir d'avoir des enfants parfaits.

----

4. Bientôt, tout le monde sera blond aux yeux bleus.

----

5. Il ne faut plus recycler les déchets.

----

6. L'air est pollué par les machines qui transforment les déchets.

Transcriptions

Unité 1

• **Exercice 1**
1. Salut Coralie.
2. Ça va ?
3. Vous allez bien ?
4. Tu me téléphones ?
5. Au revoir.

• **Exercice 2**
Dialogue 1 :
- Bonjour, Valérie
- Bonjour, Antoine.
- Comment allez-vous ?
- Bien, merci.

Dialogue 2 :
- Salut, ça va ?
- Ça va. Et toi ?
- Ça va.

Dialogue 3 :
- Bonjour, monsieur.
- Bonjour, madame.
- Lucie Quermalec. Monsieur Fonteneau, s'il vous plaît.

Dialogue 4 :
- Ah, Julien, bonjour.
- Bonjour, François.
- Asseyez-vous.
- Merci.

Dialogue 5 :
- Bon, au revoir.
- Au revoir.
- Tu me téléphones !
- Oui, oui, d'accord. Salut.

• **Exercice 4**

1. à bientôt	6. merci
2. bonjour	7. monsieur
3. d'accord	8. pardon
4. directrice	9. salut
5. madame	

• **Exercice 5**

1. a	6. j
2. e	7. k
3. f	8. o
4. h	9. q
5. i	

• **Exercice 6**

1. s	6. b
2. i	7. n
3. t	8. j
4. k	9. u
5. e	10. l

• **Exercice 7**

1. ê	6. à
2. d'	7. é
3. î	8. ï
4. è	9. t'
5. ç	

• **Exercice 8**

1. chère	6. coule
2. mis	7. péri
3. sage	8. joueur
4. pile	9. marre
5. mon	

• **Exercice 9**

1. salut	6. merci
2. bonjour	7. excusez
3. monsieur	8. suis
4. asseyez	9. directrice
5. enchanté	

• **Exercice 10**

1. Paris	6. Strasbourg
2. Bordeaux	7. Orléans
3. Lille	8. Besançon
4. Marseille	9. Châteauroux
5. Lyon	

• **Exercice 11**
Dialogue 1 :
- Bonjour, monsieur.
- Bonjour, madame.
- Vous allez bien ?

Dialogue 2 :
- Ah, bonjour Madame Legrand, vous avez fait bon voyage ?
- Oui, merci.
- Comment allez-vous ?
- Bien, merci. Et vous ?

Dialogue 3 :
- Pardon, vous êtes Ali Medjahed ?
- Non, désolé.
- Excusez-moi.

Dialogue 4 :
- Bonjour, Madame Jovinac.
- Bonjour, monsieur.
- Asseyez-vous.

• **Exercice 14**

1. 1 + 3 =	6. 6 − 6 =
2. 2 + 2 =	7. 9 − 2 =
3. 5 − 3 =	8. 8 + 1 =
4. 4 + 4 =	9. 10 − 5 =
5. 7 + 3 =	10. 2 + 6 =

• **Exercice 16**

1. Quatre ?	Quatre.
2. Oui ?	Oui.
3. D'accord ?	D'accord.

• **Exercice 17**

1. Ça va.	5. Monsieur ?
2. Julien ?	6. Trois.
3. D'accord ?	7. Paris ?
4. À demain.	8. Oui.

• **Exercice 18**

1. bas	5. pousse
2. four	6. soi
3. moi	7. chat
4. poire	

• **Exercice 19**

1. boire	6. noix
2. cale	7. rouge
3. roi	8. sourd
4. cape	9. tasse
5. louche	

• **Exercice 20**
1. toit - ta - tout
2. poil - pale - poule
3. vas - vois - vous
4. bourg - bar - boire
5. poisson - passons - poussons
6. choir - chourre - char
7. far - foire - fourre

• **Exercice 21**

1. parloir	6. pourboire
2. vouloir	7. rasoir
3. nougat	8. couloir
4. partout	9. nounours
5. mouchoir	10. pouvoir

Unité 2

• Exercice 3
- C'est qui sur la photo ?
- C'est Mathias. Il apprend le français avec moi. Il est allemand et il a 23 ans.
- Et elle ?
- Elle ? C'est Zohra. Elle a 19 ans.
- Quelle est sa nationalité ?
- Elle est algérienne.
- Sympa, non ?
- Ah ! Ouais ! Elle est très sympa !

• Exercice 6
1. Copacabana est une plage brésilienne.
2. Le steak frites, c'est français !
3. Le porto est un vin portugais.
4. Philippe adore le footballeur anglais David Beckham.
5. Ornella Mutti est une belle actrice italienne.
6. Dalaras ? C'est un chanteur grec.

• Exercice 8
Bonjour, Service information de la mairie de Nantes. Notez bien les numéros utiles :
Pompiers : 08 33 36 48 50
Police : 01 44 41 40 45
SOS Médecins : 02 40 40 30 30
Taxis : 05 50 52 50 51
SNCF : 03 30 36 57 12

• Exercice 10
Moi, je m'appelle Franco Picacci. Je suis italien et j'ai 27 ans. J'habite à Naples, 12 rue Condotti, mais je suis né à Rome.

• Exercice 17
Quoi qu'a dit ? – A dit rin.
Quoi qu'a fait ? – A fait rin.
A quoi qu'a pense ? – A pense à rin.
Pourquoi qu'a dit rin ?
Pourquoi qu'a fait rin ?
Pourquoi qu'a pense à rin ?
- A'xiste pas.

Jean Tardieu

• Exercice 18
Grand merci, grand merci.
Merci. Mille fois merci.
À bientôt !
- Mais oui - Mais non !
Ce n'est rien, je vous en prie.

Jean Tardieu

• Exercice 19
1. hardi - ardu
2. dur – dire
3. dessus – deci
4. perdit – perdu
5. mille – mule
6. rue – riz

Unité 3

• Exercice 12
1. Le train pour Paris Gare de Lyon partira à 10 h 45.
2. Allo maman, c'est moi. J'arrive à 18 h 26 aujourd'hui. Bisous !
3. Rendez-vous mardi 15 à 12 h 50.
4. Bon, demain, départ à 8 h 30 ; d'accord ?
5. Je suis née le 12 avril à 13 h 55. Et toi ?

• Exercice 13
- Maria, toi, c'est la guitare que tu aimes vraiment beaucoup ?
- Hum... J'aime bien la guitare, c'est vrai, mais le piano... Ah ! Le piano ! Oh... c'est beau !
- Très bien. Et le violon, tu n'aimes pas ?
- Si, j'aime beaucoup le violon aussi. Mais je n'aime pas du tout le violoncelle !
- Ah bon ? Et... la trompette, alors ?
- J'ai horreur de ça.

• Exercice 15
Carine, 26 ans, professeur de sport. Elle déteste les voitures, elle adore le cyclisme et les gros chiens.

C'est Christophe. Il a 21 ans. Il travaille chez Peugeot à Besançon. Il aime les voitures et les jolies filles !

Il n'aime pas le cinéma et il a horreur de la télévision !

Maintenant, voici Antoine. Il est de Dijon et il a 19 ans. Il aime danser et écouter de la musique moderne. Travailler ? Bof...

Elle déteste le sport et aime beaucoup travailler. Elle adore les chats. Elle a 21 ans et elle s'appelle Marina.

Unité 4

• Exercice 1
- Allo, inspecteur Renard ?
- Oui, c'est moi.
- Écoutez bien... Je sais où est votre coupable.
- Ah, bon ! Mais, vous êtes qui ?
- Ce n'est pas important, qui je suis.
- Bon, c'est vrai ? Vous pouvez me dire où est le coupable ?
- Oui, je peux. Vous allez aller au café de Flore, boulevard Saint-Germain et vous allez poser la question à la serveuse.
- Oui... mais après... ?
- Après, vous allez prendre le métro et aller au 19, rue Parmentier.
- Et je vais faire quoi, rue Parmentier ?
- Vous allez me voir et nous allons parler. Alors, c'est d'accord ?
- Euh... Ben, d'accord...

• Exercice 5
1. Tu vas bien écouter...
2. Je voudrais répondre, s'il te plaît !
3. Vous pourriez m'aider, s'il vous plaît ?
4. Allez au café Prune.
5. Vous pourriez épeler, s'il vous plaît ?
6. Tu veux bien répéter ta question, s'il te plaît ?

• Exercice 12

Je m'appelle Elisa. Je suis espagnole et j'habite en Italie, à Milan. J'étudie l'italien et le français à l'université. J'ai des amis italiens, français et aussi marocains ou algériens. Mon université est très belle et le travail est intéressant. J'adore l'Italie mais je suis heureuse quand je rentre en Espagne pour voir ma famille et mes amis. Dans la vie, j'aime le sport, le cinéma et les animaux. J'adore les enfants. Je déteste les émissions de variétés à la télévision et je n'aime pas du tout avoir froid...

• Exercice 13

1. ruse – russe
2. casse – case
3. sel – zèle
4. douze – douce
5. les sots – les eaux
6. les îles – les cils
7. ils sont – ils ont
8. ils aiment – ils s'aiment

• Exercice 14

1. poisson – poison
2. mise – miss
3. dessert – désert
4. laisser – léser
5. phase – face
6. cousin – coussin

• Exercice 18

C'est génial, Paris. J'adore l'Île Saint-Louis et les petits cafés du Marais. J'ai mangé dans un restaurant chinois dans le quartier de l'Hôtel de Ville et j'ai visité le magnifique musée d'Orsay. J'ai photographié les bateaux-mouches sur la Seine et demain, je vais voir les grands magasins sur les grands boulevards. Maintenant, je vais envoyer une carte postale à mes parents et des lettres à Flora et à mes amis.

• Exercice 12

1. onze heures et quart
2. treize heures trente
3. une heure moins le quart
4. dix heures dix
5. neuf heures quarante
6. midi moins vingt
7. dix-huit heures
8. minuit et demie

• Exercice 13

1. - Le film commence à quelle heure ?
   - À vingt heures quarante.
2. - À quelle heure on part ?
   - À huit heures, d'accord ?
3. - Alors, tu peux venir ?
   - Non, à quatre heures et demie, j'ai un cours.
4. - On se retrouve à quelle heure ?
   - À huit heures moins le quart devant le théâtre ?
5. - Ton avion arrive à quelle heure ?
   - À dix-huit heures cinquante.
6. - Excusez-moi, vous avez l'heure s'il vous plaît ?
   - Oui, bien sûr, il est... euh... midi et demie.
7. - Tu finis ton travail à quelle heure ?
   - À seize heures.

• Exercice 16

1. Vous avez un nouveau message : Euh, Vanessa, c'est Simon, j'ai un problème ici. Je vais arriver à Charles de Gaulle, samedi après-midi, à cinq heures vingt. D'accord ? Je t'embrasse.
2. Le train numéro 8859, en provenance de Lille-Europe et à destination de Nantes, départ initialement prévu à 14 h 40, va entrer en gare, voie B. Éloignez-vous de la bordure du quai, s'il vous plaît.
3. Vous écoutez Radio G, nous sommes le mercredi 27 mars, il est 6 h 30. Les informations avec Jérôme Château.
4. Cette semaine, jusqu'au mardi 18 octobre, nous vous proposons 15 films. Pour tous les horaires film par film, tapez un. *Être et avoir*, séances à 16 h 50 et à 19 h 30.
5. Bonjour. Bienvenue chez Frapima. Nos bureaux sont ouverts de 8 h 30 à 18 h 30. Merci de rester en ligne, nous allons donner suite à votre appel.
6. Chers clients, du 17 au 30 janvier, votre magasin Super M vous offre 30 % de réduction sur tout le blanc et les vêtements pour enfants, marqués d'un point rouge.

• Exercice 18

Fabienne : Société Marchand. Bonjour.
Victor Marchand : Fabienne, c'est Victor.
Fabienne : Ah, bonjour Victor.
Victor Marchand : Je suis à l'aéroport de Francfort. Il y a un petit problème. Je reviens le mardi 13. Est-ce que tu peux me prendre un rendez-vous avec Carole le matin à huit heures ? À dix heures, j'ai un rendez-vous avec Monsieur Grandet, c'est ça ?
Fabienne : Oui, Grandet, à dix heures.
Victor Marchand : Bon, bien sûr, on va déjeuner ensemble. Tu peux me réserver une table dans un restaurant, *La Ferme* ou *Le Provençal*. Pour midi et demie, trois personnes : tu vas venir avec nous.
Fabienne : D'accord.
Victor Marchand : À quatorze heures trente, on est au bureau. À quinze heures, je veux voir Frédéric. Tu peux lui téléphoner pour lui dire de venir à quinze heures ?
Fabienne : Ça marche !
Victor Marchand : À quelle heure est mon avion pour Montréal, le soir ?
Fabienne : Dix-neuf heures trente.

Victor Marchand : Bon, je vais prendre un taxi à dix-sept heures. Bon, parfait. Merci. On se voit mardi. Au revoir.
Fabienne : À mardi.

• Exercice 20

Bonjour. Vous avez cinq nouveaux messages.

Message du 02 47 39 19 78, reçu aujourd'hui, à 9 h 35 :
Salut, c'est Isabelle. Tu peux me téléphoner avant midi…
Ce message est conservé.

Message du 06 72 32 57 74, reçu aujourd'hui, à 10 h 30 :
Bonjour, c'est Aurélie. Qu'est-ce que tu fais ce soir ? Je vais au cinéma avec Vincent. Vers sept, huit heures. Est-ce que tu veux venir avec nous ?
Ce message est conservé.

Message du 02 47 39 19 78, reçu aujourd'hui, à 11 h 55 :
C'est encore Isabelle. Mince ! Tu n'as pas eu mon message ? Bon, euh, je ne suis pas chez moi cet après-midi. Je te téléphone plus tard.
Ce message est conservé.

Message du 06 83 79 10 25, reçu aujourd'hui, à 13 h 52 :
Salut, euh, c'est Vincent. Est-ce qu'Aurélie t'a appelée ? On va au ciné, ce soir. Ça te dit ? On veut aller voir *Le Pianiste* à neuf heures. On se retrouve au Café de la Poste. À plus.
Ce message est conservé.

Message du 02 47 39 19 78, reçu aujourd'hui, à 17 h 55 :
C'est Isabelle. Bon, ton téléphone ne marche pas ? Tu dors ? Alors, j'ai reçu une lettre de François.
Pour le week-end prochain, il y a un problème, on ne peut pas aller chez Marie. Qu'est-ce qu'on fait ? Bises.
Ce message est conservé.

• Exercice 33

1. Tu sais qu'elles sont malades.
2. Il y a des œufs dans le frigo.
3. Tu vas venir avec nous, d'accord ?
4. Il ne sait pas quand ses amis vont partir à Bordeaux.
5. Monsieur Dupont apprend le chinois dans un institut.

• Exercice 34

1. chant
2. fragile
3. Jacques
4. en Chine
5. jeune
6. mange
7. marche
8. riche

Unité 6

• Exercice 6

1. Ce film, je trouve vraiment qu'il est drôle !
2. Tu écoutes cette musique ? Mais, c'est nul !
3. À mon avis, c'est une histoire intéressante, et puis, on apprend beaucoup.
4. Quelle magnifique exposition ! J'adore Picasso !
5. Moi, je n'ai pas aimé ce film, je trouve qu'il est mauvais.
6. J'ai adoré le dernier film de Ken Loach. C'est violent mais l'histoire est très vraie.

• Exercice 10

1. - Vous prenez le livre et le magazine d'informatique, c'est ça ?
   - Euh… Il fait combien, le livre ?
2. - Mademoiselle ! Le prix de ce vin, s'il vous plaît ?
3. - On prend le CD de Jenifer ?
   - Il coûte combien ?
4. - Ça fait combien tous ces chocolats ?
   - 13,90, monsieur.
5. - J'aime bien ça mais, c'est combien ?
   - 3,20 euros, ce n'est pas cher !
6. - Bon, ça coûte combien, ça ?
   - Ah ! Il n'y a pas le prix ?
7. - C'est combien l'aller-retour Paris-Lyon en TGV ?

- Je ne sais pas, moi ! Regarde sur Internet !
8. - Il est beau ton portable. Il a coûté combien ?

• Exercice 18

1. - Tu viens avec nous dimanche ? On va marcher dans la forêt de Brocéliande.
   - J'ai un peu de travail mais je vais essayer de venir. C'est sympa.
2. - Il y a assez de sucre ou tu en veux un peu plus ?
   - Non, ça va. Il y en a trop, je pense.
3. - Vous avez un peu d'argent sur vous ?
   - On en a beaucoup : 200 euros !
4. - Vous aimez bien le jazz ?
   - Peu. Je préfère le blues.

• Exercice 25

1. Tu l'aimes vraiment, Mélanie ?
2. Tu as regardé mes photos du Mexique ?
3. Quand est-ce que tu viens à la maison ?
4. Ben, où est le champagne ?
5. Mais pourquoi ils ne nous répondent pas ?
6. Mais, tu le connais le Docteur Boyer ?
7. C'est beau mais quel est le prix ?
8. Tu as aimé le film hier soir ?

• Exercice 28

1. un beau parleur
2. une belle cape
3. un député belge
4. un petit banc
5. un beau-frère sympa
6. un poney blanc
7. un inspecteur laborieux
8. une bonne pastilla

• Exercice 29

1. un pot
2. débranche
3. un abri
4. attrape
5. une boule
6. emprunte
7. un imbécile
8. débloque

• Exercice 31

Lucie : - Qu'est-ce que tu veux manger, Louis ?

Louis : - Oh ! Je n'ai pas très faim. Juste une salade grecque. Et toi ?

Lucie : - Moi, je vais prendre un plat du jour et une pâtisserie. J'adore les gâteaux ! Tu vas bien prendre un dessert avec moi ?

Louis : - Bon... Ah ! Oui, une mousse au chocolat. Et puis, je prendrai aussi un café. Et toi ?

Lucie : - Oui, moi aussi, mais un grand. Oui, un grand café !

Louis : - On prend l'apéritif ?

Lucie : - Pourquoi pas ? Deux kirs ?

Louis : - Parfait !

Unité 7

• Exercice 8

La ville a décidé de créer un nouveau parc près de la rivière, le Parc du Trézon. Les travaux vont bientôt commencer et le parc va ouvrir au mois d'avril, l'année prochaine.

Voici, donc, le plan de ce Parc du Trézon :

Le parc se trouve entre le boulevard Magenta, l'avenue de Cuverville et le Trézon. L'entrée du parc est juste à côté du pont des Arts. Au centre du parc, il y a une grande allée principale qui va porter le nom d'allée Gaston Bonnier. Au bout de cette allée se trouve la tour de la Garde.

À l'entrée du parc, il y a, à droite, un espace avec des arbres à fleurs et, à gauche, un espace avec des roses, une petite roseraie. Derrière l'espace avec les arbres à fleurs, se trouve un petit pont qui permet d'aller sur l'île aux Cygnes. Un café-brasserie va être installé entre l'espace avec les arbres à fleurs et un espace avec des

bambous. En face de cet espace avec des bambous, nous allons faire un espace avec des fleurs d'automne. Tout le reste du parc va être planté de nombreux arbres et arbustes.

• Exercice 16

1. N'écoutez pas à la porte ! Ce n'est pas poli !
2. N'entrez pas, c'est dangereux !
3. Ne fumez pas ici, s'il vous plaît !
4. Ne lisez pas par-dessus mon épaule !
5. Ne montez pas, l'échelle est cassée !
6. Ne parlez pas ! Chut !
7. Ne regardez pas par le trou de la serrure !

• Exercice 18

Alors, vous prenez la ligne 11 jusqu'à la station Mabillon. Vous sortez de la station de métro et vous prenez la rue en face de la station. C'est la rue de Bucci. Vous continuez tout droit. La rue tourne un peu à droite. Vous continuez. Vous arrivez à la rue de Mazarine. Vous prenez à gauche dans la rue Mazarine et vous allez tout droit jusqu'au bout. Nous sommes au numéro 26 rue Mazarine. Ce n'est pas loin, vous allez voir.

• Exercice 26

1. livre	5. traverse
2. bout	6. habite
3. vite	7. oublier
4. tombe	8. arrive

• Exercice 27

1. Ah oui ! Le dimanche, on joue souvent à la belote. En hiver surtout, parce qu'en été, on préfère se promener.
2. Les jeux vidéo, non, pas beaucoup. Mes enfants aiment les jeux de société comme le Monopoly ou d'autres, j'ai oublié les noms...
3. Ah, mais, quand on a cinq minutes, on sort les boules et

on fait une pétanque. Quand on est en vacances, c'est tous les jours, hein !
4. Moi, non, je ne joue pas. Mais mon mari, oui, avec ses amis, il joue au tarot, quand on fait une petite soirée.
5. Euh, dans notre région, on ne joue pas beaucoup à la pétanque. C'est un jeu du Sud-est de la France plutôt, non ? Ici, au Pays Basque, tout le monde joue à la pelote.

Unité 8

• Exercice 8

1. Tu as chaud ? Tu es rouge comme une tomate !
2. On va avoir un examen blanc pour préparer le vrai examen.
3. Ouh là là ! J'ai eu une peur bleue !
4. Tu as vu, j'ai acheté un joli pantalon gris comme une souris.
5. Elle est belle. Elle a des yeux bleus comme la mer.
6. On a acheté un poisson rouge pour l'anniversaire de la petite Léa.
7. Regarde, là ! La femme avec les lunettes noires... C'est Catherine Deneuve !
8. On ne voit rien, il fait nuit noire...

• Exercice 13

1. Monsieur, vous pouvez répéter, je n'ai pas entendu !
2. Est-ce que tu as connu Jean-Pierre Lemercier ?
3. Pauvre Isabelle, elle n'a vraiment pas eu de chance !
4. Vous n'êtes pas allés au Colorado l'année dernière ?
5. J'ai écrit une longue lettre à Patrick.
6. Sa vie n'a pas été très drôle...
7. Qu'est-ce que tu as lu dans le train ?
8. Enfin ! Elle a pu arrêter de fumer !

9. Hier soir, on a bu un vin excellent au Barrio Latino.

10. Chéri, tu as descendu les poubelles ?

• Exercice 17

1. - Tu as rentré la poubelle ce matin ?
   - Ben, non… On a oublié de la sortir hier soir…
   - Ah ! Mince !

2. - Comment on allume ton four ?
   - Il faut tourner le bouton noir et appuyer sur le bouton orange.
   - Ah ! Oui, merci…

3. - Éteins la télé, s'il te plaît, c'est nul, cette émission !
   - Ce n'est pas moi qui ai allumé la télé, alors je ne l'éteins pas !
   - Ah, ben dis donc, c'est sympa, ça !

4. - L'ampoule du salon est grillée. Il faut la changer.
   - Oui, mais il n'y a pas d'ampoule à la maison.
     Il faut en acheter une.

5. - On part demain mais je n'ai pas fait mes bagages.
   - Oh ! Tu as encore un peu de temps…

• Exercice 19

a. Il ne faut pas parler en même temps que moi.

b. Il y a un accident sur l'autoroute A10. Vous devez prendre la nationale 10 à Orléans.

c. Ne gênez pas la fermeture des portes, s'il vous plaît.

d. Il faut 3 œufs et 300 grammes de farine, c'est simple !

e. Il ne faut pas fumer ici, c'est interdit.

f. Toutes nos lignes sont occupées, vous devez rappeler un peu plus tard.

• Exercice 27

clé – devoir – belle – reste – petit – répondre – exemple – terre – vendredi – demande – venir – vert – entrée

• Exercice 28

destin – reculer – règle – énerver – selle – descendre – examiner – repas – remercier – énergie – étranger – règne – revendre – échanger

• Exercice 29

1. C'est un bon joueur.
2. Quel bonheur d'être avec vous !
3. J'ai mal au cœur…
4. Allo ? Tu es encore au bureau ?
5. Je n'aime pas du tout la chaleur.
6. Ils veulent partir à neuf heures.
7. C'est un beau roman.
8. Vous aimez les fleurs ?

Unité 9

• Exercice 1

Moi, j'adore aller au Mont Dore. C'est en Auvergne. C'est la montagne et on fait de belles randonnées été comme hiver. En plus, l'hiver, on fait du ski ! Où j'aimerais aller ? Euh… dans le Jura, peut-être… Non ! Dans les Alpes. Ah, oui ! En Savoie !

En Touraine, c'est dans la région Centre. Nous avons une petite maison près de Chinon, à 40 kilomètres de Tours. En été, on visite des châteaux, l'automne on fait de belles promenades, on découvre les villes et on déguste les bons vins de Loire ! Je sais pas… Euh… Ah ! Si ! J'aimerais bien visiter l'Alsace ; je ne connais pas cette région.

J'aime beaucoup aller dans le Sud de la France. En général, je vais au Lavandou ; c'est dans le Var, près de Toulon. Pourquoi ? Parce que j'aime le soleil, la mer et ne rien faire ! J'aimerais aussi aller en Italie ou en Crète.

• Exercice 15

Ah ! Tu ne connais pas Clermont ? C'est la ville où je suis né. C'est la capitale de l'Auvergne, dans le Puy-de-Dôme. C'est à 400 mètres d'altitude et la ville est entourée de montagnes : le Massif Central. Il y a environ 150 000 habitants et la ville est très dynamique : beaucoup d'universités et d'entreprises, des cinémas, quelques théâtres… Clermont-Ferrand est la ville de la société *Michelin* qui fabrique des pneus de voitures. On peut faire plein de choses à Clermont et l'environnement est magnifique. On peut découvrir les volcans d'Auvergne ; tu sais, *Vulcania*, le musée des volcans est à 15 kilomètres de Clermont-Ferrand. La région Auvergne a aussi de magnifiques petits villages qu'on peut visiter et l'hiver, on peut faire du ski !

• Exercice 25

nièce – téléphone – prête – délicieux – répondre – fête – très – derrière – décembre – être

• Exercice 26

je préfère – nous préférons
un poète – une poésie
complète – complétez
mètre – métro
je répète – nous répétons
espérer – il espère

Unité 10

• Exercice 3

a. Parce qu'on doit être au cinéma à 20 heures.

b. Pour qu'il arrête de m'écrire. Il m'énerve !

c. Parce que je n'ai pas réussi mes examens.

d. Pour arriver à l'heure à la gare.

e. Parce que je suis en vacances.

f. Pour vivre à Paris après mes études.

• Exercice 9

a. Je continue tout droit ?

b. Oh ! Je ne suis pas belle aujourd'hui ! T'as vu ma tête ?

c. Nous sommes fatigués après ce long voyage.
d. Je m'inquiète beaucoup pour mes examens.
e. Je suis très fatigué.
f. Ah ! Mais c'est pas possible, il y a encore du bruit dans la rue !

• Exercice 12
a. Il est super sympa ce mec !
b. Elle marche pas ta bagnole !
c. On se fait une petite bouffe tous ensemble, ce soir ?
d. J'peux pas aller au cinéma, j'ai pas de fric.
e. Trois exercices, de la grammaire… eh ben, on a du boulot !
f. Dis donc, ta sœur, c'est une belle nana !

• Exercice 19
1. Tu as quel âge, Thibaut ?
2. Quelle est votre couleur préférée ?
3. Mais quel est son nom ?
4. Tu vas au cinéma avec quels amis ?
5. Vous avez retiré de l'argent dans quelle banque ?
6. Quelles sont les questions de l'exercice 16 ?
7. Elle habite dans quelle rue ?
8. Quels sont les CD que tu as prêtés à Paul ?

• Exercice 20
Dialogue 1 :
- Pouvez-vous nous conseiller un bon vin ?
- Bien sûr, Monsieur ; préférez-vous un vin blanc, un vin rouge ou un rosé ?
- Euh… Que nous conseillez-vous avec le poisson ?
- Je vous recommande un vin blanc ou un vin rouge très léger.

Dialogue 2 :
- Tu prends des frites ou une salade ?
- J'sais pas. Et toi, tu veux quoi ?
- Ben, d'abord, un coca !

Dialogue 3 :
- Qu'est-ce que vous avez envie de manger ?
- Moi, je vais prendre un steak avec des haricots verts. Et toi, qu'est-ce que tu prends ?
- La même chose.
- On prend un peu de vin ?
- Moi, je préfère de l'eau.

• Exercice 25
1. Je ne sais pas où je vais.
2. Cette fille est vraiment très jolie !
3. Il parle français ou anglais ?
4. Reste là, je vais t'apporter du lait.
5. J'ai envie de connaître ton frère.

• Exercice 26
1. On va manger, j'ai très faim !
2. Demain, c'est impossible, je suis désolée.
3. Vous voulez un peu de vin ou seulement de l'eau ?
4. Tu as un chien ou un chat ?
5. Tu viens lundi ?

• Exercice 27
Louise, 25 ans, Nice
Pour moi, la lecture, c'est un voyage. Je rêve et je ne suis plus là. Quand je lis, le temps s'arrête.

Pierre, 16 ans, Levallois
Moi, j'aime plutôt le foot, alors, la lecture… Si, quelquefois une BD ou deux…

Laurène, 32 ans, Tours
Pour moi, la lecture c'est pour apprendre. On découvre toujours des choses qu'on ne connaît pas !

Michel, 40 ans, Paris
Ben oui, j'aime bien. Ça m'occupe, surtout quand je suis dans le train.

Lucie, 43 ans, Brest
Je lis peu. Je regarde beaucoup la télé et je vais un peu au cinéma. Pourquoi ? Ben… j'aime pas trop les livres, c'est tout !

• Exercice 13
- Bah, Julie, tu es en France ? Et tes vacances ?
- Euh, courtes. Je suis arrivée à Moscou mercredi soir. Natalia et moi, on s'est retrouvées à l'aéroport et on est allées chez elle. Le lendemain, avec Natalia, on est allées voir le Kremlin et la Place Rouge, bien sûr. Et le métro ! Génial ! Vendredi, on a visité le quartier de l'Arbat sous la pluie et, dans une petite rue, je suis tombée. Je me suis fait très mal à la tête. On est allées à l'hôpital. Puis mon assurance m'a demandé de rentrer en France. Je suis rentrée chez moi lundi soir, en ambulance !

• Exercice 15
1. - Et est-ce que vous pouvez venir le 24 mai ?
   - Pas de problème. Le matin, l'après-midi ?
2. - J'achète tous mes fruits au supermarché. Ils sont excellents !
   - Tu as tort, ils ne sont pas bons au supermarché.
3. - Ça va 9 h 30 pour la réunion ?
   - C'est parfait !
4. - On peut lui offrir un livre, non ?
   - C'est nul, un livre !
5. - Philippe, vous allez à Bucarest avec Catherine et…
   - Ah, mais, pas du tout ! Je vais à Budapest.
6. - Non, je suis désolé, je n'en ai plus. Mais, vous savez, le modèle à 330 € est très bien aussi.
   - Bon, d'accord. Je vais prendre ce modèle.

• Exercice 24
Caroline est la sœur de Mathilde. Elles se ressemblent beaucoup. Mais elles sont aussi très différentes. Caroline est élégante et très cultivée. Mathilde n'est pas mal

111

habillée, mais les vêtements ne sont pas importants pour elle. Caroline est sympathique, mais elle a l'air froid et sérieux. Mathilde est plus chaleureuse, elle a l'air plus heureuse que Caroline.

• Exercice 25
1. Quelle chance !
2. Regarde l'orage !
3. Il veut tenter.
4. Je vais avec Laura.
5. Ils en prennent.
6. Ils sont là.
7. J'aime l'étranger.
8. Je l'apporte.
9. Où sont les gants ?

• Exercice 26
1. Je pars en vacances mardi.
2. Il est dans sa chambre.
3. Elle arrive le trente décembre.
4. Les enfants attendent l'autobus.
5. Grand-père va avoir cent ans.
6. Tu commences quand ?

Unité 12

• Exercice 2
1. Hum… Ça sent bon. Qu'est-ce que tu cuisines ?
2. Écoute cette chanson ; j'adore…
3. Ah ! Non, je n'aime pas beaucoup, je préfère la tarte au citron.
4. Aïe ! Arrête, ça fait mal !
5. Il est vraiment magnifique, ce tableau !

• Exercice 10
Gémeaux : Magnifique journée pour les célibataires et peut-être une belle rencontre amoureuse avec un Lion.
Lion : Pourquoi êtes-vous si tristes ? Allez, il fait beau ! Sortez, amusez-vous !
Balance : Vos gros problèmes de travail iront mieux aujourd'hui et vous vous sentirez plein d'énergie.
Scorpion : Ah ! Scorpions, tou-

jours des petits problèmes d'argent mais rien de grave. Des histoires difficiles en famille…
Capricorne : Ah ! Les amours ne marchent plus très bien… Oubliez un peu ces histoires et pensez plus à votre travail !
Verseau : Le sport, c'est bien mais vous oubliez votre famille et vos amis. Pensez un peu à eux !
Poissons : Vous rencontrerez quelques problèmes avec un sagittaire. Restez calme et attendez demain… Ça ira peut-être mieux…

• Exercice 11
La météo, Nicolas Martineau. Bonjour. Aujourd'hui, le temps sera nuageux sur le Nord, la Bretagne et aussi sur la région Centre où les températures seront fraîches. Il fera, par exemple, moins 1 degré à Clermont-Ferrand et 3 degrés à Bourges. À l'est, il fera beau et on aura de bonnes températures : de 10 à 13° ! Il y aura beaucoup de vent sur tout le Sud mais le soleil brillera. En Auvergne et dans les Alpes, le soleil brillera mais les températures resteront très fraîches. La Corse connaîtra des perturbations avec des nuages et un peu de pluie dans l'après-midi.

• Exercice 16
1. Il est très bon.
2. Bonjour Léo !
3. Fais un don.
4. Regarde le joli pot !
5. Il faut un exercice.
6. C'est un son.
7. J'aime ce mot.
8. Voilà mon héros préféré.

• Exercice 17
1. Il fait beau chez toi ?
2. Hum… Les délicieux gâteaux !
3. J'ai mangé un bon plat typiquement grec.
4. Un peu d'eau, s'il te plaît !
5. Tu as fait un don ?

6. Les enfants, mettez vos chapeaux !
7. J'ai vu des lions au Kenya.
8. Vive les champions !

• Exercice 24
Moi, je pense qu'il y aura de gros progrès scientifiques et que les recherches médicales progresseront encore. Je crois qu'on saura bientôt soigner des maladies très graves et ça, c'est bien. Mais j'ai peur aussi de l'avenir et de ces progrès… Bientôt, on pourra choisir d'avoir des enfants parfaits, on pourra déterminer leur physique et aussi leur caractère. Ça veut dire que tout le monde sera très intelligent ? Ça veut dire que dans certains pays, on ne fabriquera que des blonds aux yeux bleus ! ? Ça, ça me fait vraiment peur !
Et puis, parlons de l'environnement… Je suis pour le recyclage des déchets. Bientôt on transformera encore plus de choses et c'est très bien. Le problème, c'est que pour recycler ou détruire les déchets, on utilise des machines qui peuvent être dangereuses pour l'homme ! Elles polluent notre air et bientôt, de nouvelles maladies arriveront…

Corrections

MODULE 1 | Parler de soi

Unité 1 pages 4 à 10 : Bonjour !

• Exercice 1 🎧
1. [X] Salut.   2. [X] Hum, ça va !
3. [X] Bien, merci.   4. [X] D'accord.
5. [X] Tchao.

• Exercice 2 🎧

1	2	3	4	5
vous	tu	vous	vous	tu

• Exercice 3
Proposition de corrigé
Dessin 1
- Salut Thomas !
- Ah ! Bonjour, Lucie. Tu vas bien ?
- Oui, ça va. Et toi ?

Dessin 2
- Au revoir, Madame Martin.
- Au revoir, Madame Dupuis. À demain !

Dessin 3
- Monsieur Dupont ?
- Oui.
- Thomas Fonteneau. Vous allez bien ?
- Bien, merci. Et vous ?

Dessin 4
- Salut ! Tu vas bien ?   - Bien. Paul, E.T.
- Ah ! Bien. Et toi ?

• Exercice 4 🎧
1. à bient**ôt**   2. bonj**our**   3. d'ac**cor**d
4. direct**rice**   5. mad**ame**   6. m**er**ci
7. m**on**sieur   8. pard**on**   9. sal**ut**

• Exercice 5 🎧
1. a   2. e   3. f
4. h   5. i   6. j
7. k   8. o   9. q

• Exercice 6 🎧
1. [ ] c [X] s   2. [ ] e [X] i   3. [ ] d [X] t
4. [X] k [ ] q   5. [X] e [ ] o   6. [X] b [ ] p
7. [ ] m [X] n   8. [ ] g [X] j   9. [ ] e [X] u
10. [ ] l [X] r

• Exercice 7 🎧
1. [ ] é [X] ê   2. [X] d' [ ] c'   3. [ ] ê [X] î
4. [ ] ù [X] è   5. [X] ç [ ] c'   6. [X] à [ ] è
7. [X] é [ ] è   8. [X] ï [ ] ü   9. [X] t' [ ] d'

• Exercice 8 🎧
1. [X] chère   [ ] chéri   [ ] chers
2. [X] mis   [ ] mes   [ ] mus
3. [ ] cage   [X] sage   [ ] gage
4. [ ] pure   [ ] pire   [X] pile
5. [ ] nom   [X] mon   [ ] non
6. [X] coule   [ ] coure   [ ] courre
7. [ ] père   [X] péri   [ ] pêle
8. [ ] jouer   [ ] jour   [X] joueur
9. [ ] mare   [X] marre   [ ] narre

• Exercice 9 🎧
1. salut   2. bonjour   3. monsieur
4. asseyez   5. enchanté   6. merci
7. excusez   8. suis   9. directrice

• Exercice 10 🎧
1. Paris   2. Bordeaux   3. Lille
4. Marseille   5. Lyon   6. Strasbourg
7. Orléans   8. Besançon   9. Châteauroux

• Exercice 11 🎧
Dialogue 1 :
- Bonjour, monsieur.
- Bonjour, madame.
- Vous allez bien ?

Dialogue 2 :
- Ah, bonjour Madame Legrand, vous avez fait bon voyage ?
- Oui, merci.
- Comment allez-vous ?
- Bien, merci. Et vous ?

Dialogue 3 :
- Pardon, vous êtes Ali Medjahed ?
- Non, désolé.
- Excusez-moi.

Dialogue 4 :
- Bonjour, Madame Jovinac.
- Bonjour, monsieur.
- Asseyez-vous.

• Exercice 12
1 : un
0 : zéro
3 : trois
8 : huit
6 : six
5 : cinq
7 : sept
10 : dix

9 : neuf
4 : quatre
2 : deux

• Exercice 13

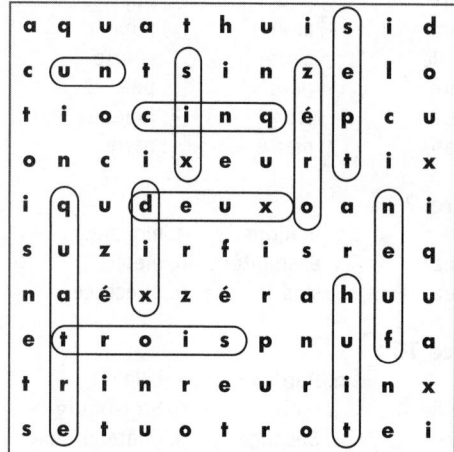

• Exercice 14 🎧

1. un + trois = quatre
2. deux + deux = quatre
3. cinq – trois = deux
4. quatre + quatre = huit
5. sept + trois = dix
6. six – six = zéro
7. neuf – deux = sept
8. huit + un = neuf
9. dix – cinq = cinq
10. deux + six = huit

• Exercice 15

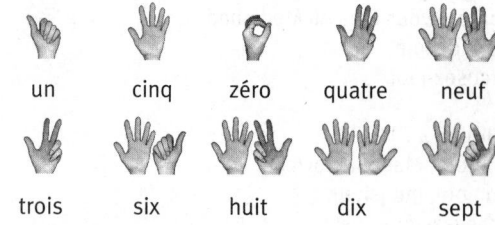

un   cinq   zéro   quatre   neuf

trois   six   huit   dix   sept

• Exercice 17 🎧

1. ☐ Ça va ?   ☒ Ça va.
2. ☒ Julien ?   ☐ Julien.
3. ☒ D'accord ?   ☐ D'accord.
4. ☐ À demain ?   ☒ À demain.
5. ☒ Monsieur ?   ☐ Monsieur.
6. ☐ Trois ?   ☒ Trois.
7. ☒ Paris ?   ☐ Paris.
8. ☐ Oui ?   ☒ Oui.

• Exercice 18 🎧

1. ☒ bas   ☐ boit   ☐ bout
2. ☐ far   ☐ foire   ☒ four
3. ☐ ma   ☒ moi   ☐ mou
4. ☐ par   ☒ poire   ☐ pour
5. ☐ passe   ☐ poisse   ☒ pousse
6. ☐ sa   ☒ soi   ☐ sous
7. ☒ chat   ☐ choix   ☐ choux

• Exercice 19 🎧

1. ☐ bar   ☒ boire
2. ☒ cale   ☐ coule
3. ☒ roi   ☐ roux
4. ☒ cape   ☐ coupe
5. ☐ lâche   ☒ louche
6. ☒ noix   ☐ nous
7. ☐ rage   ☒ rouge
8. ☐ soir   ☒ sourd
9. ☒ tasse   ☐ tousse

• Exercice 20 🎧

1. toit - ta - tout
2. poil - pale - poule
3. vas - vois - vous
4. bourg - bar - boire
5. poisson - passons - poussons
6. choir - chourre - char
7. far - foire - fourre

• Exercice 21 🎧

1. parloir   2. vouloir   3. nougat
4. partout   5. mouchoir   6. pourboire
7. rasoir   8. couloir   9. nounours
10. pouvoir

• Exercice 22

le Luxembourg → n° 7   l'Espagne → n° 3
la Grande-Bretagne → n° 5   l'Allemagne → n° 1
le Portugal → n° 9   la Suisse → n° 10
la France → n° 4   la Belgique → n° 2
l'Italie → n° 6   les Pays-Bas → n° 8

Unité 2 pages 11 à 17 : Rencontres !

• Exercice 1

Norma : Je suis mexicaine. J'habite à Toluca. J'ai 30 ans.
Paola : Je suis de Milan. J'apprends le français au lycée.
Saïd : Moi, je m'appelle Saïd et j'habite à Rabat.
Marek : Moi, c'est Marek. J'habite et je travaille à Berlin mais je suis polonais. J'ai 36 ans. Je suis né le 3 mai 1968.

• Exercice 2

1	2	3	4	5	6
d	a	f	b	e	c

• Exercice 3 🎧

	vrai	faux	?	
Mathias est allemand.	x			
Mathias a 33 ans.		x		Mathias a 23 ans.
Mathias est très sympa.			x	
Zohra est tunisienne.		x		Zohra est algérienne.

• Exercice 4

1. - **Tu** habites où ?
   - À Paris, et toi ?

2. - Saïd est algérien ?
   - Non, **il** est marocain.
   - Et Malika ?
   - Elle, **elle** est algérienne.

3. - J'ai 36 ans. Et toi, **tu** as quel âge ?
   - 32 ans !

4. - **Elle** apprend le français, Paola ?
   - Oui, et **elle** aime la France !

5. - **Il** est de Berlin, Marek ?
   - Non, **il** travaille à Berlin mais **il** est polonais.

• Exercice 5

	féminin = masculin à l'oral 👄	féminin = masculin à l'écrit 🖊
portugais	non	non
espagnol	oui	non
marocain	non	non
belge	oui	oui
chinois	non	non
allemand	non	non
mexicain	non	non
australien	non	non

• Exercice 6 🎧

1. Copacabana est une plage brésilienne.
2. Le steak-frites, c'est français !
3. Le porto est un vin portugais.
4. Philippe adore le footballeur anglais David Beckham.
5. Ornella Mutti est une belle actrice italienne.
6. Dalaras ? C'est un chanteur grec.

• Exercice 7

17 : dix-sept   21 : vingt et un
33 : trente-trois   48 : quarante-huit
50 : cinquante   69 : soixante-neuf

onze : 11   vingt-huit : 28
trente-six : 36   quarante et un : 41
cinquante-deux : 52   soixante-sept : 67

• Exercice 8 🎧

Bonjour, Service information de la mairie de Nantes.
Notez bien les numéros utiles :
Pompiers : 08 33 36 48 50
Police : 01 44 41 40 45
SOS Médecins : 02 40 40 30 30
Taxis : 05 50 52 50 51
SNCF : 03 30 36 57 12

• Exercice 9
Proposition de corrigé
Je m'appelle Nora. J'ai 36 ans. Je suis marocaine.
J'habite à Marrakech.

• Exercice 10 🎧
Nom : Picacci
Prénom : **Franco**
Né(e) le : 22/03/1977 à **Rome**
Nationalité : **italienne**
Adresse : **12**, rue Condotti, Naples.

• Exercice 11

	être	avoir	s'appeler	travailler
je / j'	suis	ai	m'appelle	travaille
tu	es	as	t'appelles	travailles
il – elle	est	a	s'appelle	travaille
vous	êtes	avez	vous appelez	travaillez

• Exercice 12
- Bonjour ! Je m'appelle Diana. Et toi, tu **t'appelles** comment ?
- Axel. **J'ai** 22 ans, et toi ?
- Moi, 24 ans.
- Tu **es** anglaise, Diana ?
- Non, non. Je **suis** canadienne. J'**habite** à Ottawa mais **j'apprends** le français à Paris. Toi, tu es français ?
- Oui, oui. Je **suis** de Paris.

• Exercice 13
Proposition de corrigé
Pierre Dupont est français. Il a 38 ans et il habite à Lyon.
C'est Katja Ritz. Elle travaille à Stuttgart. Elle est allemande. Elle a 21 ans.

• Exercice 14
le → numéro de téléphone   prénom   français

la → France   nationalité
l' → université   adresse   âge
les → dialogues   noms   fiches

• Exercice 15

1. - **Tu t'appelles comment ?**
   - Pierre François.
2. - **Tu habites où ?**
   - À Marseille.
3. - **Tu as quel âge ?**
   - 32 ans, et toi ?
4. - **Quelle est ton adresse électronique ?**
   - popi@club-internet.fr
5. - **Quel est ton numéro de téléphone ?**
   - C'est le 01 44 42 30 38.

• Exercice 16

A

Nom :	Adriana Orcetta	Luca Disegni
Âge :	31 ans	20 ans
Nationalité :	argentine	italien
Adresse électronique :	adluc@conquis.ar	iboc@libero.it
Téléphone :	(54) 11 26 55 22 01	(39) 06 56 74 062

B

Nom :	Naoko Kawasami	Jallal Benali
Âge :	40 ans	26 ans
Nationalité :	japonaise	libanais
Adresse électronique :	nkawasami@nifty.ne.jp	jbenali@mamon.lb
Téléphone :	(81) 6 63 91 73 59	(961) 1 420 142

• Exercice 19 🎧

	1er mot	2e mot
1	☐	X
2	X	☐
3	X	☐
4	☐	X
5	☐	X
6	X	☐

• Exercice 20

	un homme	une femme	on ne sait pas ?
1. Je suis turc.	X		
2. Je suis bulgare.			X
3. Je suis grecque.		X	
4. Je suis finlandais.	X		
5. Je suis roumaine.		X	
6. Je suis belge.			X
7. Je suis espagnole.		X	
8. Je suis danois.	X		

• Exercice 21

a)
1. Angleterre   2. France   3. Turquie
4. Hongrie   5. Espagne

b)
1. Athènes   2. Vienne   3. Varsovie
4. Bruxelles   5. Lisbonne

Unité 3 pages 18 à 25 : 100% questions

• Exercice 1

1. Non, je n'habite pas à Angers.
2. Si, j'aime bien le ski !
3. Non, Anke ne travaille pas à Berlin.
4. Luigi a 26 ans, il n'a pas 28 ans.
5. Si, je suis marié et j'ai deux enfants.
6. Vincent n'aime pas la pluie mais il adore les vacances !

• Exercice 2

(9) Hé ! Bonjour !
(3) Salut.
(5) Ça va bien ?
(4) Ben oui, ça va. Et toi ?
(1) Moi, ça va bien. Excuse-moi mais, tu n'es pas française, si ?
(7) Non, c'est vrai. Je suis italienne. J'ai un accent ?
(10) Oui, mais c'est joli l'accent italien. Et... tu t'appelles comment ?
(6) Julia. Et toi ?
(2) Théo. J'ai 21 ans et j'apprends l'espagnol.
(11) Moi aussi, j'apprends l'espagnol et le français à l'université.
(8) Super, on va être ensemble !

• Exercice 3

Proposition de corrigé

1. Oui, j'adore la musique. J'aime beaucoup le rock.
2. Si, j'adore le théâtre !
3. Ah ! non, je déteste le cinéma mais j'aime bien la télévision.
4. Non, j'ai horreur du sport.
5. Oui, j'aime bien les voyages. J'adore les vacances.
6. J'aime beaucoup le français et j'adore la France !

• Exercice 4

1. Non, je ne suis pas violoniste, je suis pianiste.
2. Non, il ne s'appelle pas Bob, il s'appelle Jim.
3. Non, ma famille n'habite pas à Rabat, elle habite à Casablanca.
4. Non, je n'ai pas 30 ans, j'ai 29 ans.
5. Non, je n'aime pas le rugby, j'aime le football.

6. Non, je ne suis pas marié(e), je suis célibataire.

• Exercice 5
Dessin a :   Elle fait du violoncelle.
Dessin b :   Il fait de la trompette.
Dessin c :   Il fait de la guitare.
Dessin d :   Elle fait du piano.
Dessin e :   Il fait de la natation.
Dessin f :   Il fait du rugby.
Dessin g :   Elle fait de la danse.
Dessin h :   Il fait du basket-ball.

• Exercice 6
1. Jim, tu as son **numéro de téléphone** ?
2. Et toi, quel est ton **âge** ?
3. Moi, j'adore ma **famille** !
4. Ses **enfants** sont à l'école.
5. Mon **amie** Éva habite à Arras.
6. Il est sympa son **voisin** ?

• Exercice 7
1. **C'est** mon ami Luigi. **Il est** italien et **il est** étudiant en français.
2. **C'est** un informaticien de 30 ans et **c'est** l'ami de Ludivine.
3. **Il est** colombien. **Il est** né à Bogota et il habite à Cali.
4. **C'est** Markus. **C'est** mon ami de Berlin. **Il est** professeur à l'université Humboldt.
5. **C'est** ton ami ? Oui. **C'est** Patrick. **Il est** marié avec Marie.

• Exercice 8
1. votre   2. mon   3. Vos   4. ses   5. mon

• Exercice 9
1. - Vous avez **votre** passeport, s'il vous plaît ?
   - Euh… **Mon** passeport ? Oui… Voilà !

2. - Et toi, quel est **ton** sport préféré ?
   - Moi, je fais du tennis et **mes** deux frères font du tennis de table.

3. - **Ma** nationalité ? Française. Je suis française. Et toi ?
   - **Mon** prénom est espagnol mais je suis italienne.

4. - Emma aime le cinéma et **sa** famille. Et toi ?
   - Moi, j'aime **mes** enfants, **ma** famille et aussi **mon** petit chien, *Duc*.

• Exercice 10

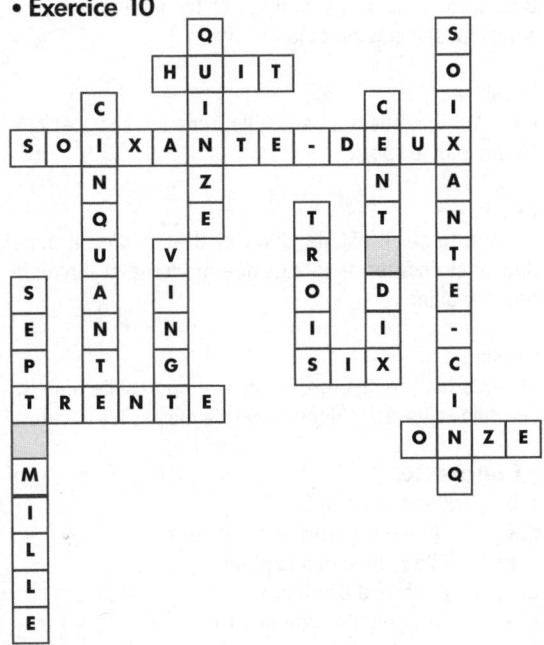

• Exercice 11
Mille cinq cent quinze : 1515
Mille neuf cent trente-six : 1936
Mille quatre cent quatre-vingt-douze : 1492
Mille douze : 1012

1789 : mille sept cent quatre-vingt-neuf
1945 : mille neuf cent quarante-cinq
1998 : mille neuf cent quatre-vingt-dix-huit
2001 : deux mille un

• Exercice 12 🎧
1. 10 h 45   2. 18 h 26   3. 12 h 50
4. 8 h 30   5. 13 h 55

• Exercice 13 🎧
la trompette < le violoncelle < la guitare < le violon
< le piano

• Exercice 14
1. Le rap, c'est vraiment bien ! ☒ **adore**
2. Les films italiens ? Ouais, j'aime bien… ☒ **aime bien**
3. Beurk ! C'est pas bon ! ☒ **déteste**
4. Pour moi, le jazz, c'est ex-tra-or-di-naire ! ☒ **adore**
5. Pas ce CD, il est nul ! ☒ **déteste**
6. Si, j'aime la pizza. Pas de problème ! ☒ **aime bien**

• Exercice 15 🎧
Dessin 1
C'est Christophe. Il a 21 ans, travaille chez Peugeot à

Corrections

Besançon. Il aime les voitures et les jolies filles et il n'aime pas le cinéma et la télévision.

Dessin 2
C'est Marina, elle a 21 ans. Elle aime les chats et elle n'aime pas le sport.

Dessin 3
C'est Antoine, il est de Dijon et il a 19 ans. Il aime danser et écouter de la musique moderne et il n'aime pas travailler.

Dessin 4
C'est Carine, 26 ans, professeur de sport. Elle aime le cyclisme et les gros chiens et elle n'aime pas les voitures.

• **Exercice 16**
1. b.   C'est ton ami ?
2. f.   Quelle est votre nationalité ?
3. h.   Elle n'aime pas la pluie.
4. g.   J'habite à Bordeaux.
5. a.   Tu t'appelles comment ?
6. e.   Elle s'appelle Emma.
7. d.   Elle a quel âge, Maria ?
8. c.   Il ne va pas à Paris aujourd'hui.

• **Exercice 17**
1. on   2. il   3. on   4. Elle   5. On   6. il

• **Exercice 18**

je / il, elle, on	tu
adore	aimes
travaille	t'appelles
déteste	es
rencontre	travailles
habite	as

• **Exercice 19**

1	2	3	4	5	6
f	d	a	l	b	c

• **Exercice 20**

	je/j'	tu	il, elle, on
aimer	aime	aimes	aime
avoir	ai	as	a
habiter	habite	habites	habite
être	suis	es	est
s'appeler	m'appelle	t'appelles	s'appelle
faire	fais	fais	fait

• **Exercice 21**
1. France 2 est une **chaîne** de la télévision française.
2. On peut regarder des **émissions** culturelles, des jeux...

3. On aime le cinéma, alors on regarde des **films**.
4. Ce soir, je regarde le **documentaire** sur l'Himalaya.
5. Thalassa est le **magazine** de la mer.
6. Moi, j'aime les chansons ; je regarde les émissions de **variétés**.

MODULE 2 | Echanger
Unité 4 pages 26 à 33 : Enquête

• **Exercice 1**

h	f	g	i	b	e	c	k	a	l	d	j

• **Exercice 2 : proposition de corrigé**
- Je fête mon anniversaire au mois d'août.
- On fête Noël au mois de décembre.
- Moi, je vais en vacances en juillet.
- Au mois de janvier, je fais du ski dans les Alpes.
- Je fais un cadeau à mes parents au mois de juin.
- En novembre, j'envoie une carte postale à mon amie.
- ...

• **Exercice 3**
1. - Nous allons au cinéma, ce soir ?
   - Oh ! Oui, bonne idée ! **On** va au cinéma et après, au restaurant !

2. - Fanny va aller au concert avec vous ?
   - Non, **elle** ne peut pas, ses parents ne sont pas d'accord.
   - Ah ? **Ils** ne veulent pas ?

3. - Un petit café, Élise ?
   - Non merci, **je** ne veux pas de café.

4. - **Je** peux vous poser une question, s'il vous plaît ?
   - Oui, **vous** pouvez...

5. - **Tu** vas où ?
   - **Je** vais à Bordeaux pour mon travail.

6. - Il y a du tennis à la télévision. Vous aimez le tennis ? **On** regarde ?
   - Euh... **Nous** n'aimons pas beaucoup le tennis. **On** peut regarder un film ?

• **Exercice 4**

	aller	pouvoir	vouloir
Pierre	**va**	peut	**veut**
Je	vais	**peux**	veux
ils	**vont**	**peuvent**	**veulent**

tu	**vas**	peux	**veux**
nous	allons	**pouvons**	**voulons**
on	**va**	**peut**	veut
vous	allez	**pouvez**	**voulez**

• Exercice 5 🎧
1. Tu vas bien écouter…
2. Allez au café Prune.
3. Je voudrais répondre, s'il te plaît !
4. Vous pourriez m'aider, s'il vous plaît ?
5. Vous pourriez épeler, s'il vous plaît ?
6. Tu veux bien répéter ta question, s'il te plaît ?

• Exercice 6

	demande poliment	demande à quelqu'un de faire quelque chose
1		Tu vas bien écouter…
2	Vous pourriez m'aider, s'il vous plaît ?	
3	Je voudrais répondre, s'il te plaît.	
4		Allez au café Prune.
5	Vous pourriez épeler, s'il vous plaît ?	
6	Tu veux bien répéter ta question, s'il te plaît ?	

• Exercice 7

1	2	3	4	5	6
f	a	d	b	c	e

• Exercice 8
1. Écoute ce CD !
2. Regardez mon exercice, s'il vous plaît !
3. Téléphonez à Marie, s'il vous plaît !
4. Mange !
5. Aide Céline, s'il te plaît !

• Exercice 9
a)
1. Je ne vais pas aller à l'école.
2. Vous allez m'envoyer un message ?
3. On va faire une promenade en bateau-mouche sur la Seine.
4. Elle va apprendre le français à l'université.

b)
1. Le train va arriver à 18 h 40 à Brest.
2. Vous allez pouvoir téléphoner à Flora ?
3. On ne va pas aller en France en 2005.
4. Ils vont habiter à Sydney l'année prochaine.

• Exercice 10
1. Non, je ne vais pas visiter Amsterdam.

2. Oui, de la natation et du piano.
3. Non, on ne va pas dîner ; on a beaucoup de travail.
4. Oui, elle va étudier à Florence.

• Exercice 11

1	2	3	4	5	6
c	e	a	b	f	d

• Exercice 12 🎧
Je m'appelle Elisa. Je suis espagnole et j'habite en Italie, à Milan. J'apprends l'italien et le français à l'université. J'ai des amis italiens, français et aussi marocains ou algériens. Mon université est très belle et le travail est intéressant.
J'adore l'Italie mais je suis heureuse quand je rentre en Espagne pour voir ma famille et mes amis. Dans la vie, j'aime le sport, le cinéma et les animaux. J'adore les enfants. Je déteste les émissions de variétés à la télévision et je n'aime pas du tout avoir froid…

• Exercice 14 🎧

	1er mot	2e mot
1	X	
2		X
3	X	
4	X	
5		X
6		X

• Exercice 15
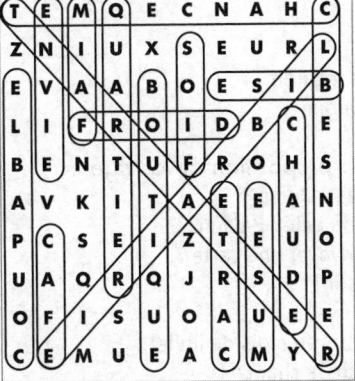

• Exercice 16
le musée　　　　le quartier　　　　les adresses
les coupables　　le répondeur　　　la boulangère
le message

Corrections

une bise   une question   des réponses
une boutique   une carte postale des nouvelles
un magasin

• Exercice 17
1. Boulevard Saint-Germain, il y a **une librairie**.
2. Il y a **des émissions** de variétés ce soir à la télévision.
3. Il y a **des messages** sur mon répondeur.
4. Dans ma classe, il y a **un Mexicain** et **une Colombienne**.
5. Il y a **un cadeau** pour toi.
6. Il y a **des châteaux** en France.

• Exercice 18 🎧
C'est génial, Paris. J'adore **l'**Île Saint-Louis et **les** petits cafés du Marais. J'ai mangé dans **un** restaurant chinois dans **le** quartier de l'Hôtel de Ville et j'ai visité **le** magnifique musée d'Orsay. J'ai photographié **les** bateaux-mouches sur **la** Seine et demain, je vais voir **les** grands magasins sur **les** grands boulevards. Maintenant, je vais envoyer **une** carte postale à mes parents et **des** lettres à Flora et à mes amis.

• Exercice 19
a) 1. des amies   2. les numéros   3. les amies
   4. des tickets 5. des cybercafés

b) 1. l'adresse   2. un ami   3. le billet d'avion
   4. l'enfant   5. une carte postale

• Exercice 20
1. Vous avez visité
2. j'ai parlé
3. nous avons mangé
4. Tu as pensé
5. On a écouté
6. Lucie a aimé
7. Nous avons regardé
8. Jean a téléphoné

• Exercice 21 : proposition de corrigé
1. - Alors, tu vas à Rome ?
   - Oui. J'ai mon billet d'avion.
   - Tu vas m'envoyer une carte ?
   - Oui, **c'est sûr** !

2. - Je vais à Paris au mois de juillet.
   - Oh ! **Tu as de la chance** !
   - Eh oui.

3. - Regarde. J'ai une photo de Zazie.
   - Oh, **c'est génial** ! Tu as de la chance !

• Exercice 22
1. janvier   2. février   3. mars
4. mai   5. juin   6. juin
7. juillet   8. septembre

• Exercice 23
a)
En mars quand il fait beau, → prends ton manteau.
Juin bien fleuri, → vrai paradis.
En mai, → fais ce qu'il te plaît.
Pluie de juillet, → eau en janvier.
En avril, → ne te découvre pas d'un fil.
À la Saint Séverin, → la neige est en chemin.
Juillet sans orage, → famine au village.
Un mois de janvier sans gelée, → n'amène pas une bonne année.

b)
a. Juin bien fleuri, vrai paradis.
b. En avril, ne te découvre pas d'un fil.
c. Pluie de juillet, eau en janvier.
d. À la Saint Séverin, la neige est en chemin.

Unité 5 pages 34 à 43 : Invitations

• Exercice 1
1. Je ne **suis** pas français.
2. Vous **avez** des questions ?
3. Marie **a** 17 ans.
4. Les enfants **sont** à l'école, ce matin.
5. Nous **avons** de la chance : il fait beau.
6. Vous **êtes** fatiguée ?
7. Tu **as** du jus de fruit ?
8. Elles **ont** soif.

• Exercice 2
1. Excusez-moi, vous **êtes** français ?
2. Eh ! Marielle, il **est** 10 heures !
3. Excuse-moi, tu **as** un euro, s'il te plaît ?
4. Oh là là, nous **sommes** fatigués !
5. Tu **as** de la chance !
6. Elles **sont** étudiantes ?
7. Ils **ont** envie d'aller au restaurant *La Louisiane*.

• Exercice 3
1. [~~vas~~ / viens]
2. [~~aller~~ / venir] / [vais / ~~viens~~]
3. [~~allez~~ / venez]
4. [va / ~~vient~~]
5. [vais / ~~viens~~]
6. [~~va~~ / vient]

• Exercice 4
1. nous allons / Vous venez
2. tu viens
3. Les enfants vont
4. Ils viennent
5. ils vont
6. Amélie ne vient pas
7. tu vas

• Exercice 5
1. Je **vais** à Strasbourg. Tu veux **venir** ?
2. À quelle heure il **vient** ?
3. Vous **venez** de quelle ville ?
4. - On **va** où ?
5. je **vais** au théâtre avec Thomas.
6. - Bon, alors, tu **viens** ?

• Exercice 6
1. avec toi   avec moi
2. chez des amis
3. avec vous
4. chez Alexandra

• Exercice 7
1. il peut dormir chez **eux**.
2. je vais venir avec **lui** demain matin.
3. Oui, je vais chez **elle** vendredi matin.
4. Oui, je vais travailler avec **elles** mercredi matin.
5. Non, on va chez **lui** !

• Exercice 8
1 – c   2 – **g**   3 – **e**   4 – **f**   5 – **b**   6 – **a**   7 – **d**

• Exercice 9 : proposition de corrigé
1. Paul vient au cinéma **avec nous** ?
2. Halim n'est pas **chez lui**. Il est au bureau.
3. Laure et Karine vont faire de la natation, ce soir. Tu vas **avec elles** ?
4. On se retrouve **chez vous** ou au cinéma ?
5. Oui, Ali est **avec moi**.
6. Non, on va **chez toi**.

• Exercice 10
7 h 45   = huit heures moins le quart
ou   = sept heures quarante-cinq

11 h 30   = onze heures et demie
ou   = onze heures trente

12 h 15   = midi et quart
ou   = midi quinze

14 h 10   = deux heures dix
ou   = quatorze heures dix

18 h 20   = six heures vingt
ou   = dix-huit heures vingt

23 h 50   = minuit moins dix
ou   = vingt-trois heures cinquante

• Exercice 11
1. 11 h 40   2. 11 h 50   3. 5 h 45
4. 22 h 15   5. 00 h 30   6. 14 heures
7. 17 h 27

• Exercice 12
1. onze heures et quart
2. treize heures trente
3. une heure moins le quart
4. dix heures dix
5. neuf heures quarante
6. midi moins vingt
7. dix-huit heures
8. minuit et demie

• Exercice 13
1. vingt heures quarante
2. huit heures
3. quatre heures et demie
4. huit heures moins le quart
5. dix-huit heures cinquante
6. midi et demie.
7. seize heures.

• Exercice 14

trois heures moins le quart   midi et quart

neuf heures moins dix   une heure vingt

onze heures vingt-cinq

• Exercice 15
1. Je vais faire du ski au mois de février / en février.
2. Marina veut faire une fête chez elle le 17 mai.
3. Vous pouvez venir lundi ?
4. Mon avion arrive à Osaka à 10 h 15.

5. Ils vont se marier le samedi 4 août.

6. J'ai des examens en juin / au mois de juin.

7. On va chez Caroline dimanche.

8. Ömür est arrivé en France le 18 octobre 2001.

• Exercice 16 🎧

1. Date : samedi après-midi   Heure : 17 h 20

2. Heure : 14 h 40

3. Date : 27 mars   Heure : 6 h 30

4. Date : 18 octobre   Heures : 16 h 50 – 19 h 30

5. Heure : 8 h 30 – 18 h 30

6. Date : 17 au 30 janvier

• Exercice 17
À l'aéroport...

Heure	Vol n°	Destination	Terminal
15 h 15	KL 1240	Amsterdam	1
15 h 20	KE 835	Séoul	2C
15 h 40	AY 874	Helsinki	2D
15 h 40	AF 1798	Helsinki	2D
15 h 55	AF 1110	Hambourg	2F
16 h 05	CA 950	Shanghai Pu Dong	1
16 h 25	LH 5737	Francfort	2E
16 h 50	IB 1245	Madrid	1
17 h 25	CO 10	Miami	2C
17 h 50	GN 648	Libreville	1
19 h 25	AF 1262	Stockholm Arland	2F
19 h 35	NW 8350	Amsterdam	1
20 h 10	SU 911	Moscou	1

• Exercice 18 🎧

MARDI 13

Semaine 10

7 heures ....

8 heures Rendez-vous avec Carole

9 heures ....

10 heures Rendez-vous avec M. Grandet

11 heures ....

12 h 30 Déjeuner

13 heures ....

14 h 30 Retour bureau

15 heures Rendez-vous avec Frédéric

16 heures ....

17 heures Taxi ⟶ aéroport

18 heures ....

19 h 30 Avion pour Montréal

20 heures ....

• Exercice 19 : proposition de corrigé

L'assistante : Cabinet du Docteur Loury. Bonjour.

Mme Raynaud : **Oui, bonjour. Je voudrais un rendez-vous avec le Docteur Loury, s'il vous plaît.**

L'assistante : Oui, quel jour ?

Mme Raynaud : **Euh … Je ne sais pas … Demain, c'est possible ?**

L'assistante : Demain, à 14 h 30 ?

Mme Raynaud : **Non, je ne peux pas à 14 h 30.**

L'assistante : Ah, le matin ?

Mme Raynaud : **Oui.**

L'assistante : Alors, à 10 h 30 ? Ça va ?

Mme Raynaud : **Oui, très bien. C'est parfait.**

L'assistante : Bon, alors, demain, mardi, à 10 h 30, vous êtes Madame ?

Mme Raynaud : **Raynaud. Madame Raynaud.**

L'assistante : Bien, c'est noté Madame Raynaud.

Mme Raynaud : **Je vous remercie. Au revoir.**

L'assistante : Au revoir, Madame Raynaud.

• Exercice 20

Messages	numéros de téléphone	heures d'appel	informations
1	02 47 39 19 78	9 h 35	Téléphoner à Isabelle avant midi
2	06 72 32 57 74	10 h 30	Invitation cinéma avec Aurélie et Vincent
3	02 47 39 19 78	11 h 55	Isabelle va téléphoner plus tard
4	06 83 79 10 25	13 h 52	Rendez-vous café de la poste avec Vincent et Aurélie
5	02 47 39 19 78	17 h 55	Organisation du week-end prochain

• Exercice 21

1. Comment est-ce qu'il s'appelle ?

2. À quelle heure est-ce que nous arrivons ?

3. Est-ce que Mathilde est mariée ?

4. Est-ce que tu veux venir chez moi ?

5. Où est-ce qu'on peut aller ?

6. Quand est-ce que tu vas à Lyon ?

7. Où est-ce qu'on va manger ?

• Exercice 22

1. On arrive à quelle heure ?

2. Il est français ?

3. Vous vous appelez comment ?

4. Véronique est malade ?

5. On se retrouve où ?

6. Tu connais Marco ?

7. Tu vas voir Marielle quand ?

• Exercice 23 : proposition de corrigé

1. - Il est espagnol ? ou Est-ce qu'il est espagnol ?
2. - Tu vas où ? ou Où est-ce que tu vas ?
3. - Tu pars quand ? ou Quand est-ce que tu pars ?
4. - Vous fermez à quelle heure ? ou À quelle heure est-ce que vous fermez ?
5. - Elle vient ? ou Est-ce qu'elle vient ?
6. - Vous voulez deux cafés ? ou Est-ce que vous voulez deux cafés ?

• Exercice 24 : proposition de corrigé

- Oui, allo !
- Salut Alexandra, ça va ?
- Oh, Isabelle ! Oui, ça va, et toi ?
- Pas mal. Tu fais quoi samedi soir ?
- Rien. Tu veux venir chez moi ? On mange ensemble et on va au cinéma. Ça marche ?
- Bah, non. Ça te dirait d'aller à la patinoire avec Léa ?
- Euh ... Avec Léa ?
- Oui. Allez ... C'est d'accord ?
- Oui, pourquoi pas. Ça marche. On se retrouve où ?
- À la patinoire, à neuf heures.
- D'accord. Bisous.
- Tchao ! À samedi.

• Exercice 25 : proposition de corrigé

1. - Samedi, il y a un concert de Frandol au Bataclan. Ça te dit ?
   - Oh, non. Ça ne me dit rien. Je n'aime pas beaucoup ses chansons.
2. - Oh ! J'ai faim mais je n'ai pas d'argent.
   - Allez ! Je t'invite.
   - C'est sympa, merci.
3. - Ah, j'aime bien le Trois-mâts. La musique est sympa.
   - Oh ! Non, c'est insupportable. Les gens fument beaucoup.
4. - Allo ? Tu n'es pas là ? Bon, on mange ensemble avant d'aller au cinéma ? On se retrouve où ? À quelle heure ?

• Exercice 26 : proposition de corrigé

> *Lille, le 12 juin*
> Salut Arnaud
> Merci pour ton message. Tu ne peux pas venir en juillet. Je suis désolé, je vais en vacances à Angers. Est-ce que tu peux venir en août ?
> À bientôt,
> Thomas

• Exercice 27 : proposition de corrigé
Réponse positive :

> Mathilde et Éric Delabrière
> 4, rue de la rivière
> 76800 Darnétal
>
> *Darnétal, le 28 mai 2004*
>
> Cher Claude,
>
> Nous vous remercions de votre invitation. Mathilde et moi allons venir au pique-nique, le 17 juin. Les enfants ne peuvent pas venir. Ils partent en vacances.
>
> Est-ce que nous devons apporter quelque chose ?
>
> À bientôt,
>
> Mathilde et Éric

Réponse négative :

> Salut Adrien,
> Merci de ton invitation. C'est une bonne idée, une fête surprise ! Julie va être contente.
> Je suis désolée mais je ne peux pas venir. Le 17 juin, je ne suis pas libre. Je dois aller à Marseille pour mon travail.
> À bientôt,
> Zahia

• Exercice 28
Message de Camille

> Cher Sébastien,
> Je fais une petite fête le 14 avec Valérie, Audrey, François et les autres. Ça te dirait de venir ? Est-ce que tu peux apporter quelque chose à manger et quelque chose à boire ? Ah, oui, c'est une soirée déguisée et le thème est : Victor Hugo (tu peux venir en Quasimodo !).
> J'espère que tu vas venir,
> Bises,
> Camille

Message de Sébastien

> Chère Camille,
> Merci pour ton invitation pour le 14.
> Pas de problème, je viens.
> Je veux bien me déguiser en Quasimodo, si toi tu es Esmeralda !
> J'apporte un jus de pomme et un gâteau au chocolat, ça va ?
> Mais il habite où, François ?
> Est-ce qu'il y a un bus le soir ?
> Bises,
> Sébastien

• Exercice 29 : proposition de corrigé

1. - Tu fais quoi ce week-end ?
   - Je pense que je vais aller voir mes parents.

2. - Léa n'est pas venue à l'école ce matin ?
   - Ah, bon ! J'espère qu'elle va bien.

3. - C'est un bon film, non ?
   - Je pense que c'est un film intéressant.

4. - Julie va partir trois mois au Cameroun.
   - J'espère qu'elle va nous envoyer des cartes postales

• Exercice 30

1. Tu sais
2. Vous connaissez
3. Vous savez
4. tu connais
5. Il ne connaît pas
6. Dominique ne sait pas
7. Madame Lebrun ne va pas connaître

• Exercice 31

1. Tu sais que le téléphone ne marche pas ?
2. Vous savez à quelle heure le vol AF 425 arrive de Montréal ?
3. Il sait que le directeur n'est pas content.
4. Je ne sais pas où il va dormir.
5. Est-ce que ta mère sait que tu vas partir en Australie ?
6. Vous savez comment elle s'appelle ?
7. On ne sait pas quand on va partir.

• Exercice 32

1. nous ne savons / il est.
2. On va / Vous venez
3. Ils connaissent / ils ont
4. Elles sont / elles ne savent pas / elles peuvent
5. Nous ne connaissons pas / Nous sommes

• Exercice 33 🎧

1. Tu sais qu'elles sont malades.
2. Il y a des œufs dans le frigo.
3. Tu vas venir avec nous, d'accord ?
4. Il ne sait pas quand ses amis vont partir à Bordeaux.
5. Monsieur Dupont apprend le chinois dans un institut.

• Exercice 34 🎧

	1	2	3	4	5	6	7	8
[ʃ] (chercher)	X			X			X	X
[ʒ] (jouer)		X	X		X	X		

• Exercice 35
À l'affiche...

Mer 17	Théâtre	**La petite cuisine** - Théâtre Juin - 19 h 30
	Danse	**Ballet de Zagreb** - Centre de danse contemporaine - 20 h 30
Jeu 18	Théâtre	**La petite cuisine** - Théâtre Juin - 19 h 30
	Jazz	**Quintette Tom Harrell** - Grand théâtre - 20 h 30
	Théâtre	**Je sais qu'elle m'aime** - Théâtre du Marais - 20 h 30

Ven 19	Enfants	**Oh là là, quelle histoire !** - Théâtre de la ville - 18 h 30
	Théâtre	**Je sais qu'elle m'aime** - Théâtre du marais - 20 h 30
	Chanson	**Corinne** - Le Chabada - 21 heures
Sam 20	Théâtre	**Minuit moins le quart** - Théâtre du marais - 20 h 30
	Opéra	**Carmen** - Grand théâtre - 20 h 30
	Chanson	**Alexis HK** - Le Chabada - 21 heures
	Rock	**Wampas** - L'Okapi - 21 heures

Unité 6 pages 44 à 51 : À table !

• Exercice 1

Les Français adorent **le steack-frites**, alors que les Italiens préfèrent **les pâtes**.
Les Espagnols mangent beaucoup **d'amuse-gueules** dans les bars à tapas.
Les Allemands mangent souvent des **en-cas** dans la rue et les Belges se régalent avec **les frites**.
Les Français boivent beaucoup **de vin**, alors que les Allemands préfèrent **la bière**.
Partout, on aime se régaler avec **la cuisine** étrangère.

• Exercice 2
1. ~~cuisine~~   2. ~~pâtes~~   3. ~~frites~~   4. ~~steak-frites~~

• Exercice 3

	apprendre	manger	choisir
je / j'	apprends	**mange**	**choisis**
tu	**apprends**	manges	choisis
il / elle / on	**apprend**	**mange**	**choisit**
nous	**apprenons**	mangeons	**choisissons**
vous	apprenez	**mangez**	**choisissez**
ils / elles	**apprenent**	mangent	**choisissent**

	entendre	boire	comprendre
je / j'	**entends**	**bois**	comprends
tu	**entends**	**bois**	**comprends**
il / elle / on	entend	**boit**	**comprend**
nous	**entendons**	**buvons**	**comrpenons**
vous	**entendez**	**buvez**	**comprenez**
ils / elles	**entendent**	boivent	**comprennen t**

	lire
je / j'	**lis**
tu	lis
il / elle / on	**lit**
nous	lisons
vous	**lisez**
ils / elles	**lisent**

• Exercice 4
1. Quand est-ce que vous partez à Londres ?
2. Comment est-ce que tu vas à la piscine ?
3. Où est-ce qu'il habite, Louis ?
4. Bon, qu'est-ce qu'on fait ce soir ?
5. À quelle heure est-ce que tu pars vendredi ?
6. Qu'est-ce que tu prends, de la viande ou du poisson ?
7. Où est-ce que vous allez en vacances ?
8. Qu'est-ce qu'elle a dit, ta mère ?

• Exercice 5 : proposition de corrigé
1. Qu'est-ce que tu aimes ?
2. Qu'est-ce que tu vas faire ce soir ?
3. Qu'est-ce que vous prenez ?
4. Qu'est-ce que vous allez voir au cinéma ?
5. Qu'est-ce que vous détestez ?

• Exercice 6
Critiques positives : nos 1, 3, 4, 6
Critiques négatives : nos 2, 5

• Exercice 7 : proposition de corrigé
1. Moi, j'adore passer beaucoup de temps au restaurant.
2. J'aime beaucoup manger dans les bars, c'est sympa.
3. Ah, non ! Je déteste le poisson !
4. À mon avis, il faut boire beaucoup de café. C'est bon pour la santé.
5. Moi, j'ai horreur de manger dans la rue.
6. Je pense que c'est très mauvais de boire du vin.

• Exercice 8 : proposition de corrigé
1. Dans ma classe, il y a 18 étudiants.
2. Il y a 4 enfants dans ma famille
3. Dans ma ville, il y a 1 million d'habitants.
4. Cette année, il y a 366 jours.
5. En général, je lis quatre livres par mois.

• Exercice 9
1. - Vous êtes combien d'enfants dans ta famille ?
2. - Tu as combien ?
3. - Combien de steak-frites est-ce que vous voulez ?
4. - Il gagne combien, ton père ?
5. - C'est combien la bouteille de champagne ?
6. - Tu as combien de bouteilles de champagne ?

• Exercice 10
Il / elle coûte (a coûté) combien ? : situations n° 3, 8
Le prix, s'il vous plaît ? : situation n° 2
C'est combien ? : situations n° 5, 7
Ça fait combien ? : situation n° 4
Il / elle fait combien ? : situation n° 1
Ça coûte combien ? situation n° 6

• Exercice 11 : proposition de corrigé
1. - Alors, je vais prendre un kilo de pommes, deux kilos de bananes et aussi une belle salade. **Ça fait combien ?**
   - Alors, 3 et 5,60... plus 1,10. **Ça fait** 9,70 euros, s'il vous plaît.
2. - **Elle coûte combien** la jolie lampe sur la table ?
   - 18 euros. Il y a aussi la grande ici à 26 euros.
3. - **C'est combien, ça ?**
   - Euh... 20 euros, mademoiselle. Vous le prenez ?
   - Oui !
4. - J'aime bien ce pantalon. **Il coûte combien ?**
   - Je vais vous dire ça...
5. - **Le prix, s'il vous plaît ?**
   - Ce n'est pas cher : 10 euros !

• Exercice 12
1. le vin
2. de l'eau
3. du poisson
4. du couscous / le couscous
5. la pastilla
6. de la bière / le vin / de la bière
7. le café / du thé
8. de l'eau minérale / du jus de fruit

• Exercice 13
Le matin, au petit déjeuner, je prends toujours de l'**eau** pour commencer et après, je bois du **thé** / **café** avec du **lait** et je mange du **pain** avec de la **confiture**. Je n'aime pas le **beurre**.

La belle vie, c'est quoi ? Du **travail**, de l'**amour** / **amitié** et de belles vacances. Avoir de l'**argent**, c'est bien aussi !

J'aime beaucoup la **natation** / **gymnastique** et le **cyclisme** / **judo**. Je fais de l'athlétisme et de la **gymnastique** / **natation** et mon amie Luce fait du **judo** / **cyclisme**.

• Exercice 14
1. bière – café – eau
2. poisson – viande – frites
3. air pur – amour – soleil
4. piano – théâtre – informatique

• Exercice 15
1. un morceau de fromage
2. un verre de bière
3. une tasse de thé
4. un kilo d'oranges
5. un litre d'eau
6. un paquet de café

Corrections

• **Exercice 16**

a) un morceau de fromage et un paquet de café

b) ~~un paquet de café~~, ~~une bouteille d'eau~~.

• **Exercice 17**

1. peu d'élèves
2. un peu de sucre.
3. un peu de livres
4. un peu d'informatique
5. peu de fautes
6. un peu de jus de tomate
7. un peu de pain
8. peu d'émissions

• **Exercice 18** 🎧

1. ~~trop~~ - ~~peu~~ - un peu   2. trop - ~~un peu~~ - ~~assez~~
3. ~~peu~~ - beaucoup - ~~un peu~~   4. ~~bien~~ - ~~beaucoup~~ - peu

• **Exercice 19**

1. Non, ils ne prennent pas de café.
2. Non, je n'ai pas d'argent.
3. Non, je n'ai pas lu le livre de Bernadette Chirac.
4. Non, pas de cigarette.
5. Non, elle n'a pas d'enfants.
6. Non, je ne connais pas le nouveau magasin, rue des Plantes.
7. Non, nous n'avons pas assez d'informations pour comprendre.
8. Non, ils n'ont pas vu de lions en Tanzanie.

• **Exercice 20 : proposition de corrigé**

1. Vous en voulez combien ?
2. Vous avez des oranges ?
3. Est-ce que vous buvez du vin ?
4. Elle met du sucre dans les crêpes ?
5. Vous voulez un peu de café ?
6. Vous avez des enfants ?

• **Exercice 21**

1. - Je connais le nom, mais je n'en ai jamais mangé.
2. - Non, désolé. Je n'en ai pas.
3. - Je n'ai pas le temps. Je n'en fais pas beaucoup.
4. - Non, on en boit peu ; on aime surtout le vin.
5. - Non, il n'en a pas assez mais il ne veut pas m'écouter !
6. - Oui, j'en ai en deux en Belgique et une au Québec.
7. - Non, je n'en ai pas. J'ai un vélo !

• **Exercice 22**

1. Non, je n'en bois pas.
2. Non, je n'ai pas de vacances.

Oui, j'en ai en juillet.
3. Non, je ne l'ai pas regardé.
4. Non, il n'y en a pas.
   Il y en a deux.
5. Non, j'en ai trois.
   Ah ! Oui, beaucoup !
6. Il y en a beaucoup.
   Il y en a 352.
   Il y en a trop !

• **Exercice 23**

Il la regarde.
→ Il regarde Marie.
→ Il regarde mon amie.
→ Il regarde Madame Richard.

Monsieur Leroy les aime beaucoup.
→ Monsieur Leroy aime beaucoup les enfants.
→ Monsieur Leroy aime beaucoup Anne et Didier.
→ Monsieur Leroy aime beaucoup Emma et Lucie.
→ Monsieur Leroy aime beaucoup Monsieur et Madame Lambert.

Tu le connais ?
→ Tu connais mon professeur.
→ Tu connais mon ami.

Je l'adore.
→ J'adore mon professeur.
→ J'adore Marie.
→ J'adore mon ami.
→ J'adore mon amie.
→ J'adore Madame Richard.

• **Exercice 24**

1. Vous ne l'aimez pas ?
2. Tu ne les as pas regardées ?
3. Est-ce que Marie et Patrick t'ont invité chez eux ?
4. Est-ce que vous l'avez écouté ?
5. Vous ne la connaissez pas.
6. Il ne vous a pas regardé.

• **Exercice 25** 🎧

1. d	2. a	3. h	4. c
5. e	6. b	7. f	8. g

• **Exercice 26 : proposition de corrigé**

1. - Tu es allé voir *Le Pianiste* ?
   - Oui, c'est très beau. Je l'ai vu samedi avec Marie.
2. - Tu vas au supermarché ?
   - Oui. Pourquoi ?
   - Achète-moi de la farine, des œufs et de l'huile, je vais faire des crêpes.
3. - J'ai vu Jean-Pierre. Je l'ai rencontré à la gare.

- Il va bien ?
- Bof, il ne parle pas beaucoup …
4. - Ils viennent, tes amis ?
  - Non, je ne pense pas …
  - Si, on arrive ! Attendez-nous !
5. - Qu'est-ce qu'il fait ?
  - Il cherche ses clés.
  - Et il les cherche dans mon sac ?
  - Euh … Oui.

• Exercice 27

merci	ça va ?	célibataire	cinq
français	cinéma	leçon	France
cent vingt	informaticien	cyclisme	garçon

• Exercice 28 🎧

	1	2	3	4	5	6	7	8
2e mot	X	X			X			X
3e mot			X	X		X	X	

• Exercice 29 🎧

1. un pot 2. débranche 3. un abri
4. attrape 5. une poule 6. emprunte
7. un imbécile 8. débloque

• Exercice 30

apéritifs	entrées	plats	desserts
pastis	charcuterie	couscous	tarte aux pommes
kir royal	œufs mayonnaise	steak-frites	crème au chocolat
porto	salade de tomates	pastilla	pâtisserie
	salade verte	truite menunière	
	salade grecque	omelette nature	

• Exercice 31 🎧

repas de Louis	repas de Lucie
kir	kir
salade grecque	plat du jour
mousse au chocolat	pâtisserie
café	grand café

• Exercice 32 : proposition de corrigé

- Messieurs, Dames. Vous désirez un apéritif ?
- Non, merci.
- Vous avez choisi ?
- Euh… Oui. Aurélia ?
- Euh … En entrée, je vais prendre une salade de la mer.
- Bon, et moi, une assiette de charcuterie et … C'est quoi, le plat du jour ?
- Aujourd'hui, couscous.
- Oui, je vais prendre ça. C'est bien.

- Et moi, une truite grillée. J'adore le poisson. Qu'est vous servez avec le poisson ?
- Du riz nature. Vous prendrez un dessert ?
- Euh … du fromage.
- Moi, une mousse au chocolat et un thé au lait.
- Vous voulez boire quelque chose ?
- Tu veux du vin ?
- Euh … Oui, pourquoi pas ?
- Bon, un pichet de vin rouge et de l'eau minérale.
- Très bien. Je vous apporte ça tout de suite.

MODULE 3 | *Agir dans l'espace*
Unité 7 pages 52 à 61 : Rallye

• Exercice 1

1. Non, je ne sais pas.
2. Les enfants sont dans le jardin.
3. Qu'est-ce que vous buvez ?
4. Elle ne connaît pas Madame Bouvier.
5. Nous prenons le train de 7 h 34.
6. Bon, alors, qu'est-ce qu'on offre à Corinne pour son anniversaire ?
7. Où est-ce qu'on va ?
8. Je ne peux pas venir demain.

• Exercice 2

Il y a beaucoup de vieux immeubles à Angers ?
On a visité l'ancien château de François Ier.
J'aime beaucoup l'architecture moderne, la Pyramide du Louvre, par exemple.

• Exercice 3

1	2	3	4	5	6	7	8
a	b	f	c	g	h	d	e

• Exercice 4

1. Dans un hôtel. 2. Dans une gare.
3. Dans une banque. 4. Dans un immeuble.
5. Dans un hôpital. 6. Dans un cinéma.
7. Dans une boulangerie. 8. Dans une pharmacie.

• Exercice 5

1. au cinéma 2. de l'hôpital
3. à l'hôtel 4. aux toilettes
5. du bureau 6. à la bibliothèque.
7. au musée

Corrections

• **Exercice 6**

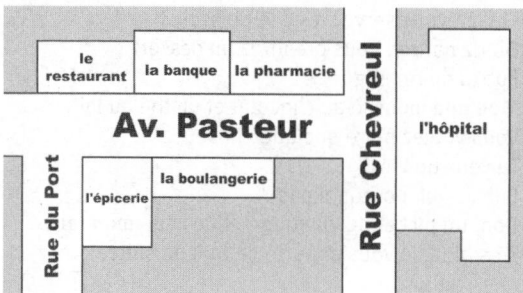

• **Exercice 7**

A = magasin de vêtements
B = agence de voyages
C = librairie
D = magasin de chaussures
E = banque
F = poste
G = boulangerie
H = pharmacie

1 = église Saint-Jean
2 = musée des Beaux-Arts
3 = brasserie-restaurant
4 = bar du Centre
5 = hôtel de ville
6 = bar-restaurant
7 = théâtre
8 = office de tourisme

• **Exercice 8** 🎧

• Entrée = n° 1
• Île aux Cygnes = n° 4
• Roses = n° 2
• Bambous = n° 6
• Tour de la Garde = n° 8
• Café-Brasserie = n° 5
• Arbres à fleurs = n° 3
• Fleurs d'automne = n°7

• **Exercice 9**

1. Traversez la place Saint-Martin.
2. Allez tout droit.
3. Continuez jusqu'au boulevard Foch.
4. Prenez la première rue à droite.
5. Passez devant la mairie.

• **Exercice 10**

1. Anne : Téléphone à l'agence de voyages.
2. Fabrice : Fais une liste des informations utiles.
3. Valérie : Dis à François de venir chez moi demain.
4. Catherine : Prends ton appareil photo, mais pas ta caméra !
5. Guillaume : Va à la banque chercher de l'argent.

• **Exercice 11**

1. Bon, bah, demandons au chauffeur.
2. Bon, allons d'abord au musée.
3. Oui, c'est vrai. Cherchons autre chose.
4. Attendons-la encore cinq minutes.
5. Restons calmes. Où est l'alarme ?
6. Demandons à quelqu'un.
7. Bon, parlons d'autre chose, tu veux bien ?
8. Rentrons vite.

• **Exercice 12**

1. Ne vas pas à l'hôtel Pahali, il est trop cher !
2. Ne téléphonez pas le matin, le bureau est fermé !
3. N'écoute pas, ce n'est pas vrai !
4. Ne restez pas là, on travaille !
5. Ne mets pas ton doigt dans ton nez !
6. Ne viens pas avec Simon, viens seule.
7. Ne faites pas ça ! Vous êtes fou ! C'est dangereux !
8. Ne prends pas ce livre, il n'est pas très bon !

• **Exercice 13**

1. Prends-le, il est pour toi.
2. Donne-la à Sophie, elle va être contente.
3. Prenez-en cinq kilos !
4. Attends-la, elle va arriver.
5. Lis-le, c'est un très bon livre !
6. Faites-le avant demain soir, s'il vous plaît !
7. Invitez-les pour un petit dîner !
8. Achètes-en cinq, s'il te plaît !

• **Exercice 14**

1. Ne les montrez pas à vos amis !
2. Ne me laisse pas seule !
3. N'en parle pas à ton directeur !
4. Ne l'écoutez pas !
5. N'en achète pas pour Julien !
6. Ne les prends pas !
7. Ne l'offre pas à Valérie !
8. Ne la lis pas !

• **Exercice 15**

1. Achètes-le à la boulangerie, s'il te plaît !
2. Lisez-la et vous écrivez une réponse.
3. Offres-en à Christelle. Elle adore les fleurs !
4. Prenez-en deux bouteilles.
5. Mets-les sur la table.
6. Ouvre-le !
7. Donnez-les à la personne de la réception.
8. N'en propose pas à Régine, elle est au régime !

• **Exercice 16** 🎧

dessin 1 : phrase n° 7
dessin 2 : phrase n° 1
dessin 5 : phrase n° 3
dessin 6 : phrase n° 4

dessin 3 : phrase n° 6   dessin 7 : phrase n° 5
dessin 4 : phrase n° 2

• **Exercice 17**
1. Ne fumez pas.
2. Ne mangez pas trop de sucre.
3. Ne portez pas de choses lourdes.
4. Ne courez pas.
5. Ne buvez pas de café.

• **Exercice 18**
trajet 2

• **Exercice 19**
Alors, traverse la place Albert Ier et va tout droit, jusqu'au boulevard de Strasbourg. C'est facile, c'est tout au bout. Traverse le boulevard de Strasbourg, puis tourne à gauche et va tout droit. Tu vas voir la place de la Liberté sur ta gauche. Prends la première rue à droite, la rue ?? et continue tout droit. Ensuite, prends la troisième rue à droite, c'est ma rue, la rue Jourdan. J'habite au 9, sur le trottoir de droite.

• **Exercice 20**

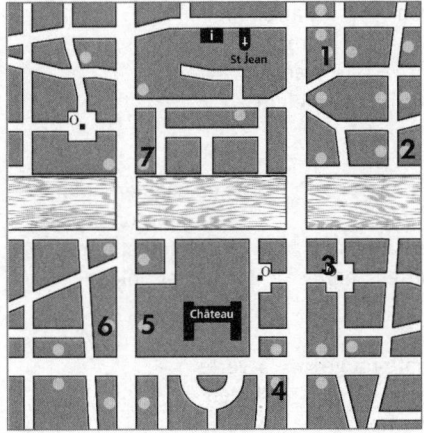

• **Exercice 21**
1. Ah, ça me fait plaisir de te voir !
2. Tu penses qu'il va plaire à Marie ?
3. Et ça ne me plaît pas beaucoup !
4. Oui, ils me plaisent beaucoup.
5. Ça ne te fait pas plaisir d'aller voir un match de foot avec moi ?
6. Oh, oui, ça me plaît beaucoup !

• **Exercice 22**
1. seconde
2. sixième
3. septième
4. quatrième
5. seizième
6. troisième
7. centième

• **Exercice 23**
1. première
2. premier
3. dernier
4. millionième
5. deuxième
6. première
7. dernières

• **Exercice 24**

	1	2	3	4	5	6	7	8	9	10	11	12	13	14	15	16	17	18	19	20	21
I	C	I	N	E	M	A				R	E	S	T	A	U	R	A	N	T	T	
II	A			S	A	I	S			P		D							O		
III	T	A		G	U		P	O	I	S	S	O	N	N	E	R	I	E			
IV	H	U	I		A		P	R	I	N	C	E		R			C		L		P
V	E		M	U	S	E	E		S		E	L	L	E	S		O	B	É	I	R
VI	D		M	I	R		C			R	R			H	U	I	T				E
VII	R	U	E		N		M	A	I	R	I	E					T	È	T	E	S
VIII	A	U			A	N		E	T	R	A	N	G	E	R	E	S				
IX	L	I	B	R	A	I	R	I	E	S		U					R	E	S	T	E
X	E	L			V			C			E	D	E	I							U
XI		F	E	T	E	H			N	A	T	I	O	N	A	L	E		B	A	R
XII	A			N	E				N		A	C	T								O
XIII	B	A	N	Q	U	E				C	O	N	N	A	Î	T	R	E			P
XIV	C		E	S	S	A	I	E	N	T					S		E	N	T	R	E

• **Exercice 25**
1. Il est **prêt**, il t'attend. Il est **près** de l'église.
2. Qu'est-ce que vous **faites** ? Une **fête** ?
3. Vous **entrez** s'il vous plaît. L'**entrée** est à droite.
4. Il est **né** en 1990. Il a mal au **nez**.
5. Je vais **aller** à Marseille et vous **allez** venir avec moi.
6. Elle **est** japonaise **et** son mari, coréen.
7. Il ne **sait** pas que **ses** amis sont malades.
8. Ne prends pas **mes** chaussures ! **Mets** ton chapeau !

• **Exercice 26** 🎧

	1	2	3	4	5	6	7	8
[b] *(banque)*	☐	X	☐	X	☐	X	X	☐
[v] *(ville)*	X	☐	X	☐	X	☐	☐	X

• **Exercice 27** 🎧
Écoutez et indiquez quel jeu les personnes aiment.
1. → la belote
2. → les jeux de société (Monopoly, Scrabble…)
3. → la pétanque
4. → le tarot
5. → la pelote basque

Corrections

Unité 8 pages 62 à 71 : **Chez moi**

• Exercice 1

Le lavabo est dans la salle de bains.
La baignoire est dans la salle de bains.
Le lave-linge est dans la salle de bains. /
dans la cuisine.
La chaîne Hi-Fi est dans la chambre./ dans le salon./
dans le bureau.
Le lave-vaisselle est dans la cuisine.
L'évier est dans la cuisine.
La douche est dans la salle de bains.

• Exercice 2

1. tu dois
2. Nous devons - je dois
3. Vous ne devez pas
4. Les étudiants doivent
5. Léo doit
6. tu dois

• Exercice 3

1. - Salut ! Tu ne viens pas à ma fête d'anniversaire ?
Je ne comprends pas pourquoi tu ne **veux** pas
venir.
- Je **veux** bien venir mais je ne **peux** pas, j'ai un
match de basket et je **dois** être à 14 heures au
Palais des Sports. Je suis désolée.

2. - Je **veux** bien vous aider mais je ne **veux / peux**
pas toujours répéter et expliquer les choses vingt
fois ! Vous **devez** travailler un peu !

3. - Pour réserver vos vacances, vous **devez** téléphoner au 0800 610 610. Vous **pouvez** aussi réserver
par l'internet mais je n'ai pas l'adresse.
- Vous **pouvez** me donner cette adresse demain ?
- Oui, bien sûr. Je **dois** penser à chercher, c'est
tout…

• Exercice 4

1. Non, personne ne peut l'expliquer.
2. Non, il n'y a personne.
3. Non, je ne veux rien.
4. Non, rien n'est arrivé.
5. Non, je n'ai rien compris.
6. Non, je n'ai envie de rien.
7. Non, personne ne l'a.
8. Non, je ne pars avec personne.

• Exercice 5

Dans un magasin
personne - quelqu'un

À la maison
quelque chose
rien - rien

Deux amies au téléphone
rien
quelqu'un
personne

À l'université
quelque chose - rien
personne

• Exercice 6

1. jaune   2. vert   3. blanc   4. gris   5. orange

• Exercice 7

a)
- une plante verte
- un mur blanc
- un bouton orange
- un café noir
- une souris grise
- un citron jaune
- une jupe bleue
- une fiche rose
- une fleur violette
- un parapluie marron

b)

masculin	féminin
bleu	bleue
vert	verte
jaune	jaune
rouge	rouge
orange	orange
gris	grise
noir	noire
marron	marron
rose	rose
blanc	blanche
violet	violette

• Exercice 8

- la nuit : noire
- la peur : bleue
- une souris : grise
- des lunettes : noires
- un examen : blanc
- un poisson : rouge
- une tomate : rouge
- la mer : bleue

• Exercice 9

- une tomate rouge → verte
- un ciel gris → bleu
- des olives noires → vertes
- une souris blanche → grise
- un citron vert → jaune
- des cheveux blonds → noirs
- des haricots blancs → verts

• Exercice 10 : proposition de corrigé

- J'aime bien l'appartement de Tom. Sa **cuisine** est
très moderne et son **salon** est très grand. Et puis,
c'est drôle, il y a un petit jardin dans son **salon /
séjour** avec des plantes vertes magnifiques !
- Oui, il est beau. Nous, on voudrait aussi trouver un
grand appartement parce que notre **maison** est trop
petite avec nos trois **enfants**, notre **chien** et nos
oiseaux !
- Tu as visité l'appartement des Leroux ? Ils veulent le

vendre, ils partent habiter au Maroc. Jean-Louis doit habiter là-bas pour son **travail** et ils sont contents parce qu'ils ont leurs **cousins** qui habitent à Marrakech.
- Ah, bon ? Tu as leur **numéro de téléphone**, je vais les appeler !

• Exercice 11

1. mon amie Christine. - mes amis canadiens. - ma petite chienne *Vanille*.
2. mon père - ma mère. - mon chat. - mes souris grises.
3. leur film préféré - leurs photos de vacances. - leur enfant. - leurs enfants.
4. sa famille - son appartement - ses goûts - son adresse électronique - sa date de naissance - ses parents

• Exercice 12

1. Vous avez fini - je n'ai pas compris
2. J'ai perdu - Tu l'as perdu - tu l'as oublié - Je l'ai emmené
3. Il est parti - il est allé
4. tu es rentré - je n'ai pas regardé
5. tu as dit - Je n'ai pas parlé

• Exercice 13 🎧

b) lire   phrase 7 → lu
   avoir   phrase 3 → eu
   boire   phrase 9 → bu
   descendre   phrase 10 → descendu
   connaître   phrase 2 → connu
   écrire   phrase 5 → écrit
   aller   phrase 4 → allé
   pouvoir   phrase 8 → pu
   être   phrase 6 → été

• Exercice 14

1. Tu as appris
2. Je n'ai pas répondu
3. Marco est allé
4. Elle a eu peur
5. Ils ont fini
6. Vous avez pu
7. vous n'avez pas attendu
8. Il n'a rien dit et il est parti.

• Exercice 15

1. Vous n'êtes pas allé à New York ?
2. Je n'ai pas dit non à Renaud.
3. Tu n'as pas invité Christina ?
4. Mes amis du Panama ne sont pas arrivés à Paris dimanche.

5. Je n'ai pas bien dormi cette nuit.
6. Laure n'a pas appris l'espagnol à Malaga.
7. Elle ne m'a pas regardé et elle ne m'a pas souri.
8. Vous n'êtes pas tombé dans la rue ?

• Exercice 16

1. - J'ai écrit à Lise.
   - Pourquoi ?
   - Parce qu'elle a eu 25 ans !

2. - Ils ont mangé au restaurant samedi ?
   - Oui, ils ont voulu essayer le *Trois soleils*.

3. - Il est parti à quelle heure, Pascal ?
   - Il n'est pas parti ; il est resté à Paris pour travailler.

4. - Tu as aimé ce film ?
   - Non, pas du tout. Je l'ai détesté !
5. - Bon, tu as choisi ?
   - Oui. J'ai pris une omelette salade.

6. - Tu as connu la famille Durand ?
   - Oui, mon père a travaillé avec Monsieur Durand et j'ai été à l'école avec Mélinda, sa fille.

• Exercice 17 🎧

allumer / éteindre le four, la télévision, la lumière…
changer l'ampoule
faire ses bagages
tourner le bouton
sortir / rentrer la poubelle
appuyer sur le bouton

• Exercice 18

1. Vous ne devez pas prendre la première rue à droite.
2. Ne va pas voir ce film !
3. Il ne faut pas manger beaucoup de viande et boire beaucoup de vin rouge.
4. N'ouvrez pas votre cadeau !
5. On ne doit pas écrire sur la fiche.
6. N'écoute pas ce CD !
7. Il ne faut pas rêver dans la vie !
8. Il ne doit pas trouver le coupable.

• Exercice 19 🎧

phrases	a	b	c	d	e	f
situations	5	3	6	4	2	1

• Exercice 20

1. Ne parle / parlez pas en même temps que moi.
2. Il faut prendre la nationale 10 à Orléans.
3. Vous ne devez pas gêner la fermeture des portes.

Corrections

4. Prenez / prends 3 œufs et 300 grammes de farine, c'est simple !
5. Ne fumez pas ici, c'est interdit.
6. Toutes nos lignes sont occupées, rappelez un peu plus tard.

• **Exercice 21**
1. La bouteille de vin qui est sur la table de la cuisine est pour Julien.
2. Sophie va prendre le train qui part à 9 heures.
3. Le pantalon que tu as acheté est trop petit.
4. Les maisons qui sont dans le centre ville sont très chères.
5. L'hôtel où nous sommes est vraiment confortable.
6. Tu peux me donner le journal qui est devant toi ?
7. Tu connais la ville où ils habitent ?
8. Il y a eu un accident à la piscine où je vais le samedi matin.
9. Le jeune homme que j'ai vu sortir de la banque était grand et mince.
10. Le château qu'on va visiter est vraiment très beau.

• **Exercice 22**
1. qui - qui - que
2. où - qui - que - qui
3. qui - qu' - que

• **Exercice 23 : proposition de corrigé**
1. Tu connais la dame qui est grande, blonde et qui te regarde ?
que tu as vue à l'école hier ?

2. C'est le professeur que je déteste.
qui est très sévère.

3. C'est le pays que j'adore.
où je voudrais habiter.
qui se trouve en Afrique de l'est.

• **Exercice 24**
Pronoms compléments directs en italique ; pronoms compléments indirects en gras.
1. Pardon, vous **m**'avez parlé ? Excusez-*moi*, je ne *vous* ai pas écouté.
2. Elle **vous** a écrit ou elle **vous** a téléphoné ?
3. Quand je *l*'ai vu, je **lui** ai parlé de ses problèmes de travail.
4. Christian **me** dit qu'il va venir *me* voir demain.
5. Il **t**'a expliqué pourquoi il n'a pas fait ses exercices ?
6. Les voisins *m*'ont aidé à porter mes bagages et je **leur** ai proposé de prendre l'apéritif.
7. Je **leur** ai prêté des CD mais ils ne **m**'ont pas dit merci.

8. Il ne *nous* connaît pas beaucoup mais je pense qu'il *nous* aime bien.

• **Exercice 25**

1	2	3	4	5	6
d	f	e	a	c	b

• **Exercice 26**
1. Vous la connaissez ?
2. Est-ce que vous leur écrivez beaucoup ?
3. Vous leur envoyez des messages électroniques ?
4. Est-ce que vous les invitez chez vous pour votre anniversaire ?
5. Vous lui proposez des sorties ?
6. Vous lui dites toujours « bonjour » ?
7. Vous lui avez parlé, aujourd'hui ?
8. Est-ce que vous les aimez bien ?

• **Exercice 27** 🎧
a)

[ə] comme re**g**arde	[e] comme num**é**ro
devoir	clé
petit	belle
vendredi	reste
demande	répondre
venir	exemple
	terre
	vert
	entrée

b) be**ll**e - re**s**te - e**x**emple - te**rr**e - ve**r**t

• **Exercice 28** 🎧
a)
destin – reculer – règle– énerver – selle – descendre – examiner – repas – remercier – énergie – étranger – règne – revendre – échanger

b)
dé**ch**irer – é**cr**ire – rè**gn**e – dé**cl**in – é**ch**auffer – dé**cl**arer – ê**tr**e – é**gl**ise

• **Exercice 29** 🎧

	1	2	3	4	5	6	7	8
[œ] (couleur)	X	X	X	☐	X	X	☐	X
[o] (radio)	☐	☐	☐	X	☐	☐	X	☐

• **Exercice 30**
Phrase a : n° 4
Phrase b : n° 5
Phrase c : n° 2
Phrase d : n° 1
Phrase e : n° 3

Unité 9 pages 72 à 79 : Les vacances

• Exercice 1 🎧

	Quelle destination ?	C'est où ?
Anne	Mont-Dore	Auvergne
Jean-Louis	Chinon	Centre
Sandrine	Lavandou	Sud de la France

	Qu'est-ce qu'ils aiment ?	Dans quel autre lieu ils aimeraient aller ?
Anne	randonnée, ski	Alpes
Jean-Louis	châteaux, promenades, visites de villes, vin	Alsace
Sandrine	soleil, mer et ne rein faire	Italie ou Crète

• Exercice 2

1	2	3	4	5	6
c	b	e	a	f	d

• Exercice 3

1. Cette   2. cette   3. ces   4. cet
5. Ce   6. cette   7. ces   8. cette

• Exercice 4

1. ce CD - cette musique.
2. ces papiers - cette case - ces lignes
3. cette île - ce lieu - cette région
4. ces gens - cet enfant - cet homme - cette femme
5. cet aéroport - cette route

• Exercice 5

1. Cet enfant est très grand.
2. J'aime beaucoup ce roman américain.
3. Comment tu connais cette adresse ?
4. Cet Italien est très drôle !
5. Est-ce que vous aimez cet exercice de vocabulaire ?
6. Il faut changer cet ordinateur, il est trop vieux.
7. Qui est cette étudiante, là-bas, avec Marco ?
8. On adore ce tableau de Picasso.

• Exercice 6

1. Qui est cette jolie fille ?
2. J'ai invité mes amis canadiens.
3. Elle va acheter la voiture rouge.
4. Il est à toi ce grand parapluie ?
5. France-Brésil, quel beau match !
6. Hier soir, on a mangé une délicieuse pastilla chez Moaïed.
7. Sa fille est à Jules Ferry ; c'est une bonne école.
8. Je crois que Montpellier est une ville agréable.

• Exercice 7

1. Mes voisins font des voyages extraordinaires.

2. J'ai de bonnes histoires à vous raconter...
3. On a visité des églises baroques et de beaux musées.
4. Ils ont passé des vacances incroyables, cette année.
5. Regarde, ce sont des livres magnifiques !
6. Il a de grandes filles qui sont mariées.

• Exercice 8

1. votre cousine.   2. votre beau-frère.
3. votre mère / tante.   4. votre grand-père.
5. vos cousins.   6. vous

• Exercice 9

ma grand-mère   mon beau-frère   ma belle-sœur

• Exercice 10 : proposition de corrigé

1. Non, je n'y habite pas.
2. Oui, j'y suis allé(e) en 2003.
3. Oui, je suis allé(e) en Hongrie. J'y suis allé(e) en juillet.
4. Non, je n'y suis pas allé(e).
5. Oui, je vais y aller mercredi.
6. Oui, j'y suis déjà allé(e). Je suis allé(e) aux États-Unis d'Amérique.

• Exercice 11

1. Oui, j'y suis allé jeudi et vendredi.
2. Non, on n'y retourne pas, il n'est pas confortable.
3. Oui, j'y pense ; je te l'apporte demain, ça va ?
4. Spiderman ? Non merci, allez-y sans moi !
5. Non, je crois qu'il va y réfléchir.
6. Euh... Je n'aime pas y aller. On va au Danton ?

• Exercice 12

1. Oui, on leur a écrit dimanche.
2. Oui, j'y pense, je l'ai mis dans mon sac.
3. Je suis fâchée avec Anne ; je ne lui réponds pas.
4. Oui, elle leur a expliqué la situation d'Antoine.
5. Bien sûr, il y a répondu hier soir.

• Exercice 13

1. Je ne peux pas la voir.
2. Est-ce que tu vas lui expliquer ?
3. Elles n'ont pas voulu leur donner leur numéro de téléphone.
4. Vous pouvez en manger un.
5. Je ne sais pas y aller en voiture.
6. Je déteste y aller le dimanche.
7. Tu pourrais les aider ?
8. Vous ne devez pas leur dire.

• Exercice 14

• Dunkerque est au nord de la France.

Corrections

- La Rochelle est à l'ouest de la France.
- Montpellier est au sud de la France.
- Lille est au nord de la France.
- Marseille est au sud de la France.
- Besançon est à l'est de la France.

• Exercice 15 🎧

Le Puy-de-Dôme est un **volcan** de la **région** Auvergne.
Clermont-Ferrand est une **ville** de 150 000 **habitants** environ.
Elle est entourée de **montagnes** qui s'appellent le Massif Central.
La société Michelin fabrique des pneus pour les **voitures**. On peut visiter *Vulcania* qui explique les volcans. Ce musée est à **15 kilomètres** de Clermont-Ferrand.
Clermont-Ferrand est la **capitale** de l'Auvergne mais on peut aussi visiter de jolis **villages.**
On peut faire beaucoup de sport en Auvergne et du **ski** en hiver.

• Exercice 16

Ville : La Rochelle
Département : Charente-Maritime
Région : Poitou-Charentes
Situation : À l'ouest de la France, à 400 kilomètres de Paris.
Nombre d'habitants : 71 000
À visiter : la vieille ville, les ports.
À faire : sports nautiques, festival de musique *Les Francofolies*, visite de l'île de Ré.

• Exercice 17

1. au Portugal - à Leiria - en Afrique - à Yaoundé - au Cameroun
2. en Amérique du Sud - en Argentine - au Chili - en Colombie - en Équateur - au Brésil - à Rio - à Brasilia

• Exercice 18

1. Il vient du Niger.
2. Pauline est née en Chine.
3. Il est d'Angers.
4. Ils habitent au Guatemala.
5. Je voudrais aller en Égypte.
6. Ils ne sont pas rentrés des Pays-Bas.
7. Elle va vivre en Algérie.
8. Claudio travaille en Espagne.

• Exercice 19

1. vous voyez - je vois
2. tu as vu - J'ai vu
3. nous voyons - On voit
4. Tu ne vois pas - je vois bien
5. on voit - on peut voir

• Exercice 20

1	2	3	4	5	6	7	8
e	g	a	b	c	h	f	d

• Exercice 21

1. Ton copain Nordine est peu sympa !
2. Je pense que Nathalie ne parle pas assez.
3. Vous devez dormir beaucoup !
4. Vous ne mangez pas assez vite !
5. Elle est trop grande.

• Exercice 22

Je bois et je fume peu.
Je mange un peu de poisson.
Je vais assez souvent au cinéma.
Je nage beaucoup.
Je parle très bien français.

• Exercice 23

assez - beaucoup - trop - peu - beaucoup - peu - très

• Exercice 24 🎧

	´ : accent aigu	` : accent grave	^ : accent circonflexe
a		à	pâte, gâteau, château
e	étudiant, café, cinéma, présent	père, très, près, bière	tête, fête, prête
i			île, s'il vous plaît
o			bientôt
u		où	sûre, goût

• Exercice 25 🎧

accent aigu	accent grave	accent circonflexe
téléphone	nièce	prête
délicieux	très	fête
répondre	derrière	être
décembre		

• Exercice 26 🎧

1. je préfère – nous préférons
2. un poète – une poésie
3. complète – complétez
4. mètre – métro
5. je répète – nous répétons
6. espérer – il espère

• Exercice 27 : proposition de corrigé

1)
Chers parents,
Je suis à Chamonix et c'est très beau. J'adore le ski. Je m'amuse beaucoup avec mes amis. On va au restaurant le soir et on mange beaucoup ! Mon hôtel est sympa. Il n'y a pas beaucoup de monde. C'est génial !
Je vous embrasse et à bientôt,
Simone

2) *Chers parents,*
Voilà, je suis à Nice et il fait très beau. La vieille ville est très jolie. Avec mes amis, on va à la mer, on fait du foot sur la plage, c'est vraiment sympa. J'ai trouvé un petit hôtel pas trop cher. Ma chambre est très jolie. Je peux voir la mer. J'ai rencontré Julien, un jeune homme qui travaille dans un bar. Il habite à Paris mais il travaille à Nice, en été. On rit beaucoup.
Je vous embrasse,
Simone

MODULE 4 *Se situer dans le temps*
Unité 10 pages 80 à 87 : *Au jour, le jour*

• Exercice 1 : proposition de corrigé
Au printemps, je plante des fleurs dans le jardin et je travaille beaucoup au bureau. Pour Pâques, on va voir mes parents en Auvergne.
En été, je voyage : je pars en vacances à l'étranger. J'aime beaucoup l'Amérique du Sud. Et puis, je nage, je fais du sport.
En automne, je fais des promenades dans la campagne. J'adore courrir dans la campagne en automne. Les couleurs sont belles dans la forêt.
En hiver, j'achète des pulls et je vais faire du ski dans les Alpes. Je vais souvent au théâtre et au cinéma.

• Exercice 2
- Pourquoi est-ce qu'il ne fait pas ses exercices ?
- Parce qu'il regarde les jolies filles qui sont dehors.

- Pourquoi est-ce qu'elle est contente ?
- Parce qu'elle va au cinéma avec son père.

- Pourquoi est-ce qu'elle est en colère ?
- Parce que le jeune homme écoute du rap dans le bus. Elle a horreur du rap.

- Pourquoi est-ce qu'il ne va pas travailler ?
- Parce qu'il est malade. Il ne peut pas se lever.

• Exercice 3 🎧

1	2	3	4	5	6
f	e	d	b	a	c

• Exercice 4
1. Je fais du sport parce que c'est bon pour la santé et parce que j'aime ça.
2. Je pars en vacances à l'étranger pour découvrir de nouveaux pays et voir de nouvelles choses.
3. J'écoute beaucoup de musique parce que je n'aime

pas travailler et parce que mes voisins font beaucoup de bruit.
4. Je n'aime pas le théâtre parce que je trouve que c'est ennuyeux.

• Exercice 5
La matinée de M. Lainé...
À 6 heures, M. Lainé se réveille. Il se rase et il prend son petit déjeuner en même temps parce qu'il est en retard. Puis, il prend une douche. Il chante et il est content. À 7 h 15, il s'habille et il se coiffe. À 7 h 25, il sort de chez lui et il court vers la gare pour aller prendre son train. Il va à paris. À 7 h 29, il saute dans le TGV.

• Exercice 6 : proposition de corrigé
Chaque matin, je me lève à 7 h 15. Je prends mon petit déjeuner : une tasse de café, un croissant et un verre de jus d'orange. Puis, je vais prendre ma douche. Je me rase / me maquille, je m'habille et je pars travailler.

• Exercice 7
1. tu te lèves
2. Elle ne se maquille pas
3. Vous vous inquiétez
4. Tu te coiffes
5. Je ne m'arrête pas
6. on se dépêche
7. nous nous amusons
8. Vous vous rasez

• Exercice 8
a) 1. Ne vous asseyez pas ici !
2. Ne t'habille en blanc !
3. Ne vous arrêtez pas devant l'église !
4. Ne te couche pas maintenant !
5. Ne nous levons pas !

b) 1. On ne s'est pas réveillé très tôt.
2. Vous ne vous êtes pas coiffé, ce matin ?
3. Je ne me suis pas ennuyé hier soir.
4. Tu ne t'es pas lavé ?
5. Je ne me suis pas assis sur cette petite chaise.

• Exercice 9 🎧

conseils	répliques
1.	e
2.	c
3.	b
4.	a
5.	f
6.	d

Corrections

• **Exercice 10**

1. Tu n'aimes pas du tout t'habiller en noir ?
2. J'ai horreur de me lever tôt !
3. Il a du mal à se coucher avant minuit à cause de son travail.
4. Nous ne voulons pas nous dépêcher ce matin.
5. Elle a onze ans et elle voudrait se maquiller !
6. Je suis fatigué et j'ai besoin de me reposer un peu.

• **Exercice 11**

a)

| 4 | 1 | 2 | 5 | 3 |

b) D'abord, Madame Chabut monte dans sa voiture pour aller travailler. Elle va au bureau à 9 heures. Elle travaille toute la matinée devant son ordinateur, téléphone, etc. Elle a beaucoup de choses à faire. Puis, à midi, elle déjeune avec ses collègues dans un restaurant. Ils mangent, ils discutent. Ensuite, vers 17 heures 30, Mme Chabut va chercher son bébé à la crèche. Enfin, le soir, elle est fatiguée et elle se repose. Elle regarde la télévision avec son mari.

• **Exercice 12** 🎧

1	2	3	4	5	6
e	d	f	b	a	c

• **Exercice 13**

1. T'as une bagnole, toi ?
2. I faut pas oublier la bouffe de ce soir.
3. J' peux pas venir, j'ai trop de boulot.
4. Est-ce qu'i vous a donné du fric ?
5. Y a un gentil mec brésilien dans ma classe.
6. Vous êtes que deux nanas pour faire la cuisine ?

• **Exercice 14**

1. Il ne va me rester que 8 euros.
2. Il ne faut que trois heures pour aller de Paris à Marseille en TGV.
3. Ce n'est pas grave, on n'est qu'un peu en retard...
4. Pour demain, on n'a que l'exercice 2 sur le subjonctif.
5. Vous ne prenez qu'un sucre dans votre café ?
6. Je n'ai eu qu'une place pour le concert de Johnny Hallyday.
7. On ne va commander qu'un plat pour nous deux.
8. Cette année, ils n'ont eu qu'une semaine de vacances.

• **Exercice 15 : proposition de corrigé**

1. Non, il n'a qu'une sœur.
2. Non, il n'y en a que deux ou trois.
3. Non, je n'ai reçu qu'une carte postale de mes parents cet été.
4. Non, elle n'a obtenu que cent euros.
5. Non, je n'ai que cinq minutes. Je dois partir.

• **Exercice 16**

| 1. pieds. | 2. mains | 3. yeux. |
| 4. oreilles. | 5. bouche | 6. dents |

• **Exercice 17**

| 1. ~~le ventre~~ | 2. ~~les pieds~~ | 3. ~~la joue~~ |
| 4. ~~la jambe~~ | 5. ~~le pied~~ | |

• **Exercice 18 : proposition de corrigé**

1. Quels sont tes sports préférés ?
2. Quelle est la nationalité de Juan ?
3. Quel est ton numéro de téléphone ?
4. Quelle est ton adresse ?
5. Quelles sont les couleurs du drapeau japonais ?

• **Exercice 19** 🎧

Quel : n° 1 – 3   Quels : n° 4 – 8
Quelle : n° 2 – 5 – 7   Quelles : n° 6

• **Exercice 20** 🎧

dialogue 1	dialogue 2	dialogue 3
dessin b	dessin a	dessin c

• **Exercice 21**

a) langue standard

1. - Est-ce que vous voulez partir maintenant ? / Vous voulez partir maintenant ?
2. - Est-ce que tu peux m'aider, s'il te plaît ? / Tu peux m'aider, s'il te plaît ?
3. - Est-ce que ton frère va à Paris cette été ? / Ton frère va / va aller à Paris cet été ?

b) langue soutenue

1. – Aimez-vous les fruits ?
2. – Sors-tu souvent, en semaine ?
3. – Connaissez-vous Marie-Ange et Patrice ?

• **Exercice 22**

1. *Avez-vous des frères et sœurs ?* Vous avez des frères et sœurs ? Est-ce que vous avez des frères et sœurs ?
2. *Il a fait beaucoup d'efforts ?* Est-ce qu'il a fait beaucoup d'efforts ? A-t-il fait beaucoup d'efforts ?
3. *Pourquoi vous vous levez tôt le matin ?* Pourquoi est-ce que vous vous levez tôt le matin ? Pourquoi vous levez-vous tôt le matin ?
4. *Vous changez souvent d'appartement ?* Est-ce que vous changez souvent d'appartement ? Changez-vous souvent d'appartement ?
5. *À quelle heure tu pars, vendredi ?* À quelle heure est-ce que tu pars, vendredi ? À quelle heure pars-tu, vendredi ?

6. _Connaissez-vous beaucoup d'étudiants étrangers ?_ Vous connaissez beaucoup d'étudiants étrangers ? Est-ce que vous connaissez beaucoup d'étudiants étrangers ?

7. _Il vit où, Pascal ?_ Où est-ce qu'il vit, Pascal ? <u>Où vit-il, Pascal ?</u>

8. _Comment est-ce qu'on va aller à Turin ?_ Comment on va aller à Turin ? <u>Comment va-t-on aller à Turin ?</u>

• Exercice 23 : proposition de corrigé

1. - Quel âge avez-vous ?
2. - Pourquoi êtes-vous parti ?
3. - Où habites-tu ?
4. - Comment vas-tu ?
5. - Aimez-vous la cuisine japonaise ?
6. - À quelle heure part-elle ?
7. - Où habite-t-il ?
8. - Quelle heure est-il ?

• Exercice 24

1. À quelle heure t'es-tu levé ?
2. Allez-vous venir avec nous demain soir ?
3. Habite-t-il chez ses parents ?
4. Pourquoi t'es-tu couché si tard ?
5. Où vous arrêtez-vous pour manger ?
6. Quand vous a-t-il dit ça ?
7. Lui avez-vous demandé quelque chose ?
8. T'es-tu inquiété pour nous ?

• Exercice 25

1. Je ne sais pas où je vais.
2. Cette fille est vraiment très jolie !
3. Il parle français ou anglais ?
4. Reste là, je vais t'apporter du lait.
5. J'ai envie de connaître ton frère.

• Exercice 26

1. On va manger, j'ai très faim !
2. Demain, c'est impossible, je suis désolée.
3. Vous voulez un peu de vin ou seulement de l'eau ?
4. Tu as un chien ou un chat ?
5. Tu viens lundi ?

• Exercice 27

Louise aime lire et ne voit pas les heures passer.
Pierre ne lit que des BD.
Laurène apprend beaucoup de choses dans les livres.
Michel lit pendant les voyages.
Lucie n'aime pas les livres.

• Exercice 28 : proposition de corrigé

J'adore lire. Je lis beaucoup de romans de science fiction parce que j'aime avoir peur. Et puis, on apprend beaucoup de choses dans les livres. Il y a un mois, j'ai lu le livre de Bernadette Chirac, la femme du président français. Maintenant je comprends sa vie difficile. Et j'ai appris beaucoup de choses intéressantes sur la France. Je pense que c'est important de lire beaucoup de livres. Ensuite, on fait moins de fautes. Par exemple, je lis des petits romans français parce que l'orthographe et la grammaire sont difficiles. Avec la lecture, mon français s'améliore et j'apprends beaucoup de mots nouveaux.

Je n'aime pas lire parce que je pense que c'est ennuyeux. Je ne peux pas passer deux heures avec un livre, être assis et ne rien faire. Moi, je préfère le sport et la télévision. C'est plus intéressant et il ne faut pas réfléchir.

Unité 11 pages 88 à 95 : Roman

• Exercice 1

1. Il a été très malade et il a passé un mois à l'hôpital.
2. Les enfants ont descendu l'escalier quatre à quatre.
3. Lucie est montée dans l'arbre pour attraper le chat et elle est tombée.
4. Non, ça ne va pas, elle a passé une très mauvaise journée.
5. On a sorti la table et les chaises pour manger dans le jardin.
6. Quand est-ce que Valérie est passée chez toi ?
7. Vous êtes sorti(e)(s) à quelle heure ?
8. Tous les enfants sont descendus du train ?
9. Chéri, est-ce que tu as sorti la poubelle ?
10. Pourquoi tu as descendu cette vieille boîte du grenier ?

• Exercice 2

1	2	3	4	5	6	7	8
h	e	d	f	a	b	c	g

• Exercice 3

1. Elle retourne
2. on va / part - On part - on revient
3. quitter - aller / partir
4. venir
5. est allée - retourner

• Exercice 4 : proposition de corrigé

1. Je vais à Toluca, au Mexique, pour passer Noël avec mon ami Pierre et sa famille
2. Tu viens d'où, de Bruxelles ou de Liège ?
3. J'ai adoré La Nouvelle Orléans et je vais y retourner bientôt.

Corrections

4. Est-ce que tu vas revenir bientôt en France ?
5. Je vais partir en juin en Espagne et je vais revenir en décembre.
6. Il a quitté la France et il est allé vivre à Pondichéry en Inde.
7. Il est entré par le garage et il est allé à la cave pour voler toutes nos bouteilles de Bordeaux.
8. Il a rentré les poubelles, il a mis son manteau, il a descendu une valise et il est parti. Il n'est jamais revenu.

• Exercice 5

Julie a quitté François.	Elle a trouvé un taxi tout de suite.
Date : le jeudi 7 mai Heure : à 15 heures	Date : le jeudi 7 mai Heure : 15 h 05
Elle n'est pas allée travailler le lendemain.	Elle a quitté Paris un mois plus tard.
Date : vendredi 8 mai	Date : le 8 juin

• Exercice 6

Yannick est allé au Mexique. Il a pris l'avion le 5 avril et il est arrivé à Mexico **le lendemain**. Il a visité le sud du Mexique **pendant** une semaine. Pendant son voyage dans le sud, il a rencontré Marianne. Il est resté avec Marianne **jusqu'à** la fin de son voyage. Le 30 avril, il est rentré en France et Marianne est venue en France **un mois plus tard**.

• Exercice 7
- il y a 2 mois = le 8 mai
- depuis une semaine = du 1er juillet au 8 juillet

• Exercice 8
1. ~~jusqu'à~~
2. ~~pendant~~
3. ~~pendant~~
4. ~~depuis~~
5. ~~pendant~~
6. ~~depuis le~~
7. ~~il y a~~
8. ~~pendant~~
9. ~~depuis~~
10. ~~il y a~~

• Exercice 9

Chamonix, le 10 février 2004

Chers parents,

*Voilà ! Je suis à Chamonix **depuis** dimanche. Je suis très contente de pouvoir rester ici **pendant** une semaine. Une semaine avec la neige et le soleil ! Ah, c'est bien !*
*Je fais du ski tous les jours **jusqu'à** 17 heures.*
*Aujourd'hui, j'ai rencontré un jeune homme sympathique. **Il y a** une heure, il m'a téléphoné pour m'inviter à dîner...*

*N'oubliez pas mes plantes **pendant** mes vacances : elles ont besoin d'eau !*

Je vous embrasse,
Simone

• Exercice 10 : proposition de corrigé
1. Depuis une semaine, j'ai mal au ventre et à la tête et je ne vais pas travailler.
2. Il y a une semaine, je suis allé au cinéma pour voir le dernier film de Quentin Tarantino.
3. Pendant un mois, j'ai cherché un appartement et je n'ai rien trouvé.
4. Depuis 2002, ma femme travaille à Pékin comme professeur de français.
5. Jusqu'à la fin du mois, je dois prendre des médicaments tous les jours.
6. Pendant les vacances, je vais débrancher le téléphone et ne pas regarder ma boîte électronique. Je vais me déconnecter.

• Exercice 11 : proposition de corrigé
Je suis marié depuis quatre ans.
Avec ma femme, nous avons eu notre premier enfant il y a un an et demi.
J'ai arrêté de travailler pendant huit mois pour être avec mon fils.

• Exercice 12
1. est partie
2. est arrivée
3. s'est mise
4. sont retournées
5. sommes rentrés
6. est tombée - s'est cassée
7. s'est assise

• Exercice 13 🎧
Julie est allée en vacances à Moscou. Natalia et Julie se sont retrouvées à l'aéroport puis elles sont allées chez Natalia. Elles sont allées voir Moscou, la place Rouge, le Kremlin, elles ont visité le quartier de l'Arbat, puis Julie est tombée et elle s'est fait mal à la tête. Elles sont allées à l'hôpital. Elle a dû rentrer en France en ambulance.

• Exercice 14
1. - Julie, pourquoi tu ne veux pas me parler ?
   - Parce que c'est fini. Je ne veux plus te parler, je ne veux plus te voir. C'est terminé.

2. - Tu es déjà allé aux États-Unis ?
   - Non, je n'y suis jamais allée mais je rêve de vivre à New York. C'est une ville fantastique.

• Exercice 15 🎧

situations	1	2	3	4	5	6
accord	X		X			X
désaccord		X		X	X	

• Exercice 16 : proposition de corrigé

1. - Bon, Cécile, vous finissez ce rapport et je vous invite à déjeuner.
   - Oh ! C'est une bonne idée, je meurs de faim !
2. - Je crois que nos voisins ne sont pas sympas, ils ne disent pas bonjour.
   - Mais non, tu te trompes, ils sont timides, c'est tout.
3. - Tu peux me prêter 3 000 euros, s'il te plaît ? Je voudrais m'acheter une nouvelle voiture.
   - Tu plaisantes, j'espère …
4. - Je ne veux plus travailler à Paris. C'est loin, c'est fatigant et le travail n'est pas intéressant.
   - Tu as raison. En plus, c'est mal payé.
5. - Qu'est-ce que tu as ? Tu es malade ? Ça ne va pas ?
   - Oh ! Regarde, j'ai 254 tests à corriger. J'en ai marre.

• Exercice 17 : proposition de corrigé

1. - Chéri, regarde, j'ai acheté un tableau cette après-midi.
   - Ah oui ? C'est drôle, moi aussi. Tiens, regarde ce petit chef d'œuvre … On va le mettre dans le salon.
   - Mais, qu'est-ce que c'est que ça ? Quelle horreur !
   - Pas du tout. C'est un artiste contemporain. Connu. Tu … Tu as acheté ça ?
   - Ben oui … C'est beau, non ? Regarde ton tableau ! On ne comprend rien. Il est nul. Il ne me plaît pas du tout !
   - Je ne suis pas d'accord. Ton bouquet de fleurs … Beurk ! Je refuse de voir ça dans mon salon !
   - Tu as tort.
   - Bien sûr que non !
   - Ah ! C'est insupportable ! J'en ai assez. Pas de tableau dans le salon. C'est tout.

2. - Oui, bonsoir, qu'est-ce qu'il y a ?
   - Qu'est-ce qu'il y a ? C'est une plaisanterie ?
   - Mais … je ne comprends pas …
   - La musique ! Votre musique ! Il est 2 heures du matin ! C'est insupportable. Nous ne pouvons pas dormir. Je travaille, moi, je ne suis pas étudiant !
   - Mais … Nous faisons une petite fête. Vous comprenez, c'est la fin des exams et…
   - Je ne veux pas le savoir ! Vous arrêtez la musique ou j'appelle la police ! On en a marre !

• Exercice 19

1. - Oh là là, elles se ressemblent.
2. - C'est le même prix : 2,50 euros.
3. - Non, elle est plus jeune, elle a 22 ans.
4. - Un kilomètre et mille mètres, c'est pareil !
5. - Oh, oui ! Et il ressemble à son père : ils ont les mêmes oreilles !

• Exercice 20 : proposition de corrigé

La Corée ne ressemble pas beaucoup au Japon. On pense souvent que les pays sont identiques mais il y a de grandes différences. Les personnes, tout d'abord, ne se ressemblent pas. Les deux langues, le coréen et le japonais, non plus. Même les baguettes, pour manger, ne sont pas pareilles. Comme au Japon, on mange beaucoup de riz en Corée. La Corée est un pays moins riche que le Japon et elle a donc plus de problèmes économiques.

• Exercice 21 : proposition de corrigé

1. - Oh, pour moi, la France et la Belgique, c'est la même chose. On mange des frites, on parle français… Il n'y a pas de différence.
   - Mais pas du tout ! En Belgique, on parle aussi flamand par exemple. La Belgique et la France sont très différentes. Ce sont deux cultures qui se ressemblent un peu mais qui ne sont pas identiques.

2. - En fait, pour toi et moi, c'est la même chose, on n'a pas beaucoup de chance avec les filles.
   - Euh … Regarde ! ça, c'est un carré.
   - Oui.
   - Ça, c'est un rond. C'est la même chose ?
   - Bah, non.
   - Eh bien, c'est comme pour toi et moi. Ce n'est pas pareil.

• Exercice 22

a) Les deux lignes au centre ont la même longueur.
b) Les deux lignes horizontales sont identiques.
c) Les deux cercles au centre sont identiques.

• Exercice 23

1. heureux ≠ triste
2. drôle ≠ sérieux
3. froid ≠ chaleureux
4. mal habillé ≠ élégant
5. stupide ≠ intelligent

• Exercice 24 🎧

1. Mathilde
2. Caroline

Corrections

• Exercice 25 🎧

1. Quelle chance !
2. Regarde l'orage !
3. Il veut tenter.
4. Je vais avec Laura.
5. Ils en prennent.
6. Ils sont là.
7. J'aime l'étranger.
8. Je l'apporte.
9. Où sont les gants ?

• Exercice 26 🎧

1. Je pars **en** vac**an**ces mardi.
2. Il est d**ans** sa ch**am**bre.
3. Elle arrive le tr**en**te déc**em**bre.
4. Les **enfan**ts att**en**dent l'autobus.
5. Gr**and**-père va avoir c**ent ans**.
6. Tu comm**en**ces qu**and** ?

• Exercice 27

Il y a deux personnages dans le texte : un enfant qui s'appelle Driss (et qui est l'auteur du livre) et son professeur.
Quand Driss a commencé à apprendre le français, il a eu des problèmes pour écrire. En arabe, on écrit de droite à gauche, et Driss a écrit en français de droite à gauche aussi. Alors, toutes les lettres étaient à l'envers.

Unité 12 pages 96 à 104 : Je te retrouverai

• Exercice 1

1. l'odorat   2. l'ouïe   3. la vue
4. le goût   5. le toucher

• Exercice 2 🎧

1. b   2. d   3. a   4. e   5. c

• Exercice 3 : proposition de corrigé

1. - Tu viendras à ma fête d'anniversaire ?
   - Promis, je viendrai.
   - Ça va être super !

2. - Tu penses qu'on aura assez d'argent un jour pour aller à Tahiti ?
   - Sans aucun doute, ma chérie. Regarde, j'ai gagné au loto !
   - Oh ! Je n'y crois pas ! Montre !

3. - Dites-moi, Marie-Caroline ...
   - Oui ?

- Vous avez les coordonnées d'Aillagon ?
- Euh ... Elles sont sur votre bureau ...
- Oui, bon, je ne les trouve pas. Téléphonez-lui et invitez-le à dîner.
- Oh ! Est-ce nécessaire ? Il est tellement ennuyeux ...

4. - Alors, j'ai regardé Cécile dans les yeux et je lui ai dit : je vous aime.
   - Mais, qu'est-ce qui t'a pris ? T'es fou ? Qu'est-ce qu'elle a dit ?
   - Elle a répondu : pas moi.

• Exercice 4

	retrouver	étudier	payer
je	retrouverai	étudierai	*paierai*
tu	retrouveras	*étudieras*	paieras
il / elle / on	*retrouvera*	étudiera	paiera
nous	retrouverons	étudierons	paierons
vous	retrouverez	étudierez	paierez
ils / elles	retrouveront	étudieront	paieront

	choisir	dire	prendre
je	choisirai	dirai	prendrai
tu	choisiras	diras	prendras
il / elle / on	choisira	dira	prendra
nous	*choisirons*	dirons	prendrons
vous	choisirez	direz	*prendrez*
ils / elles	choisiront	*diront*	prendront

• Exercice 5

	je / j'	vous	ils / elles
aller	irai	*irez*	iront
avoir	aurai	aurez	auront
devoir	*devrai*	devrez	devront
être	serai	serez	seront
faire	ferai	ferez	*feront*
pouvoir	pourrai	pourrez	prendront
venir	*viendrai*	viendrez	viendront
vouloir	voudrai	*voudrez*	voudront

• Exercice 6

1. on arrivera
2. Vous aurez
3. Tu remercieras
4. Ils ne voudront pas
5. On ira - on choisira
6. Marie-Pierre viendra
7. Je ne pourrai jamais
8. Mon frère essaiera / essayera.
9. Elles comprendront
10. Vous direz

• Exercice 7

Nous partirons - Nous prendrons - notre avion décollera - Nous arriverons - l'avion fera - Ana et Lauro nous attendront - nous irons - nous visiterons - nous commencerons - Lauro portera - je prendrai - Nous reviendrons - nous rentrerons - nous passerons - il faudra

• Exercice 8

1. Vous tomberez amoureux.
2. Vous vous marierez dans deux ans.
3. Vous aurez deux enfants.
4. Vous gagnerez plus d'argent.
5. Vous serez heureux.
6. Vous ferez de grands voyages.
7. Vous rencontrerez des personnes extraordinaires.
8. Vous pourrez tout faire.

• Exercice 9

b) 1. Faux : les « *béliers* » auront des problèmes avec leurs collègues.
   2. Vrai
   3. Faux : ils seront heureux et troublés.
   4. Faux : ils doivent se reposer

c) **Vierge**

   Travail : Tout ira bien au bureau. L'ambiance sera très bonne avec vos collègues. Vous aurez beaucoup de travail sur un nouveau projet. Acceptez les responsabilités.
   Amour : Pas de rencontre amoureuse. Vous passerez beaucoup de temps avec vos amis.
   Santé : problèmes de sommeil.

• Exercice 10

1. Lion   2. Balance.   3. Poissons   4. Scorpion
5. Verseau   6. Gémeaux   7. Capricorne

• Exercice 11

1. Il y aura des nuages au nord, en Bretagne et au centre.
2. Les températures seront fraîches au centre, en Auvergne et dans les Alpes.
3. Les températures seront agréables à l'est.
4. Il y aura du vent au sud.
5. Le soleil brillera au sud, en Auvergne et dans les Alpes.
6. Il pleuvra en Corse.

• Exercice 12

La météo de demain en Europe : à Madrid, le temps sera gris et très nuageux mais les températures seront douces. Il fera 15 degrés le matin et 16 degrés l'après-midi. En Turquie, à Istanbul, il y aura beaucoup de vent.

Les températures seront fraîches le matin avec 8 degrés et l'après-midi il fera beau avec des températures jusqu'à 14 degrés. Dans le nord de l'Europe, à Oslo, il neigera. Les températures : moins 5 degrés le matin et moins 1 degré l'après-midi. L'hiver est arrivé. Enfin, à Moscou, beau temps sec et froid. Du soleil mais des températures très froides : moins 15 degrés le matin et moins 10 degrés l'après-midi.

• Exercice 13

1. que François vienne   2. qu'il comprenne
3. qu'on finisse   4. qu'on revoie
5. que tu sortes   6. qu'on parte
7. que nous nous arrêtions   8. que vous connaissiez

• Exercice 14

1. Je t'ai prêté un ticket pour que tu prennes le métro.
2. Il t'a donné son adresse pour que tu lui écrives.
3. On ira à la bibliothèque pour que tu choisisses un livre.
4. Christian m'a appelé pour qu'on dîne ensemble ce soir.
5. Je te pose la question pour que tu me dises où tu vas.
6. Téléphone à Pierre-Jean pour qu'il vienne avec nous prendre un petit café.

• Exercice 15

	1	2	3	4	5	6
indicatif	X			X		
subjonctif		X	X		X	X

• Exercice 16

1. Il est très bon.   2. Bonjour Léo !
3. Fais un don.   4. Regarde le joli pot !
5. Il faut un exercice.   6. C'est un son.
7. J'aime ce mot.   8. Voilà mon héros préféré.

• Exercice 17

	1	2	3	4	5	6	7	8
[o]	X	X		X		X		
[õ]			X		X		X	X

• Exercice 18

1. Elle est petite et grosse, et elle a les cheveux longs.
2. Il est blond aux yeux bleus et il a l'air heureux.
3. Il est jeune et mince. Il a un grand nez et de petits yeux noirs.
4. Elle est blonde aux cheveux courts et raides. Elle a de grosses lunettes et elle a l'air très sympathique.

• **Exercice 19**

Elle est grande et mince et elle est élégante. Elle est jeune. Elle est accueillante et chaleureuse. Elle est souriante. Elle porte un tailleur (jupe et veste) et a une coiffure chinoise.

Il est gros et il a l'air méchant. Il n'est pas cultivé mais il est sportif. C'est un sumo. Il est fort.

• **Exercice 20**

J'aime beaucoup mon amie Béatrice. Elle est petite et assez mince. Elle a de grands yeux verts et des lunettes. Elle est brune et ses cheveux sont longs et raides. Béa, elle a toujours l'air heureux, c'est agréable !

• **Exercice 21**

1. d   2. e   3. a   4. c   5. f   6. b

• **Exercice 22**

1. dans deux jours.
2. en quelques minutes.
3. dans trois minutes !
4. dans un an
5. en 20 minutes.
6. en une semaine.
7. dans trois jours
8. dans 10 minutes.

• **Exercice 23 : proposition de corrigé**

1. en
   - Tu vas à Orléans demain matin ! Mais c'est loin !
   - Mais non ! En deux heures, j'y suis.
   - Deux heures ! Tu dois vraiment rouler vite.

2. dans
   - Je suis seul à la maison, ma femme est repartie dans son pays pour voir sa famille.
   - Ah ! Bon... et tu es triste ?
   - Un peu, oui.
   - Ne t'inquiète pas, dans un mois elle sera là et vous serez contents de vous retrouver !
3. depuis
   - Comment va Maria ? Je ne l'ai pas vue depuis longtemps.
4. pendant
   - Monsieur ! Je n'ai pas compris le futur simple !
   - Ah... Mais tu as bien écouté pendant le cours ? Tu es sûr ?
   - Euh... Bah... oui, M'sieur !

• **Exercice 24**

1. Vrai

2. Non, elle pense que c'est très bien de pouvoir soigner les maladies graves.

3. Non, ces progrès lui font peur.
4. Non, mais on peut imaginer des choses comme ça avec les progrès scientifiques.

5. Si. Cette personne est pour le recyclage des déchets.

6. Vrai

Phonetic summary

Sound / writing

Sound	Writing	Exemples
[a]	a - à - e - â	bagages - à - femme - théâtre
[ə]	e - ai - on	chemise - faisais - monsieur
[e]	é - ai - ei	étudiant - mairie - peiner
[ɛ]	è - ê - ai - ei	mère - fenêtre - maison - reine
[œ]	eu - œu - œ	heure - sœur - œil
[ø]	eu - œu	deux - vœux
[i]	i - î - y	lire - dîner - recycler
[ɔ]	o - oo - u	école - alcool - maximum
[o]	o - ô - au - eau	dos - drôle - restaurant - chapeau
[y]	u - û	nul - sûr
[u]	ou - où - aoû	rouge - où - août
[ɛ̃]	in - im - ain - aim - ein - yn - ym - un - um en - (i)en	fin - simple - copain - faim - peinture - syntaxe - sympa - brun - parfum - examen - bien
[ã]	an - am - en - em	orange - lampe - enfant - temps
[ɔ̃]	on - om	bon - nom
[j]	i - y i + l ou i + ll	hier - yeux travail - travaille
[w]	ou - oi - w	oui - moi - week-end
[ɥ]	u (+ i)	lui
[b]	b	bonjour
[d]	d	date
[f]	f - ph	finir - photo
[g]	g - gu	gare - dialogue
[k]	c - k - qu - ch	café - kilo - qui - chorale
[l]	l	lire
[m]	m	madame
[n]	n	nord
[ɲ]	gn	gagner
[p]	p - b (+ s)	page - absent
[ʀ]	r	rire
[s]	s - ss - c - ç - t (+ ion)	salut - adresse - centre - garçon - natation
[z]	z - s - x	magazine - rose - sixième
[ʃ]	ch - sh - sch	chocolat - shampoing - schéma
[t]	t - th	terre - thé
[v]	v - w	vite - wagon
[ʒ]	j - ge	jour - voyage
[ks]	cc - xc - x	accepter - excellent - expliquer
[gz]	x	exemple

Phonetic summary

Writing	Pronunciation	Exemples
a	[a]	p**a**p**a**
	[ɑ]	the**â**tre
b	[b]	**b**ar
	[p]	a**b**sent
	-	plom**b**
c	[k]	**c**arte
	[s]	**c**hance
	[g]	se**c**ond
	-	blan**c**
d	[d]	**d**ire
	[t]	quan**d** il veut
	-	gran**d**
e	[ə]	p**e**tit
	-	livr**e**
f	[f]	**f**aire
	[v]	neu**f** ans
	-	ner**f**
g	[ʒ]	pla**g**e
	[g]	**g**are
	-	doi**g**t
h	[']	**h**éros
	-	**h**omme
i	[i]	**I**tal**i**e
	-	o**i**gnon
j	[ʒ]	**j**our
	[dʒ]	**j**azz
k	[k]	**k**ilo
l	[l]	**l**ettre
	-	genti**l**
m	[m]	**m**ais
	-	auto**m**ne
n	[n]	**n**ature
o	[o]	r**o**be
	[ɔ]	p**o**t
p	[p]	**p**ort
	-	tro**p**

Writing	Pronunciation	Exemples
q	[k]	**q**uatre
	-	cin**q** cents
r	[ʀ]	ma**r**i
	-	monsieu**r**
s	[s]	**s**amedi
	[z]	mu**s**ée
	-	rue**s**
t	[t]	**t**asse
	[s]	atten**t**ion
	-	tou**t**
u	[y]	v**u**e
	[ɔ]	maxim**u**m
	-	q**u**i
v	[v]	**v**ert
w	[w]	**w**eek-end
	[v]	**w**agon
x	[ks]	ta**x**e
	[gz]	e**x**emple
	[s]	di**x**
	[z]	di**x**ième
	[k]	e**x**cité
	-	bijou**x**
y	[i]	d**y**namique
	[j]	pa**y**e
z	[z]	maga**z**ine
	[s]	quart**z**
	-	ne**z**

Determiners

They agree in gender (masculine or feminine) and in number (singular or plural) with the noun they determine.

❶ The article

→ *definite: pages 23, 48, 49, 66*
→ *indefinite: pages 48, 49, 96*

→ *contracted: pages 78, 101*
→ *partitive: pages 29, 66*

	Singular		Plural	
	masculine	**feminine**	**masculine**	**feminine**
definite article	**le** père **l'**ami	**la** mère **l'**amie	**les** garçons **les** amis	**les** filles **les** amies
indefinite article*	**un** copain **un** ami	**une** copine **une** amie	**des** garçons **des** amis	**des** filles **des** amies
(à + article) **contracted** **definite article** (de + article)	**au** cinéma **à l'**aéroport **du** cinéma **de l'**aéroport	**à la** piscine **à l'**école **de la** piscine **de l'**école	**aux** Jeux Olympiques	**aux** toilettes
partitive article*	**du** pain **de l'**argent	**de la** salade **de l'**énergie		

* Pay close attention to the negative form: *pas… de (d')*
– Tu as des enfants ?
– Non, je n'ai pas d'enfants.
– Tu veux de l'eau ?
– Non merci, pas d'eau.

❷ The demonstrative

→ *page 96*

Singular		Plural
masculine	**feminine**	
ce livre **cet** homme	**cette** cassette **cette** amie	**ces** livres - **ces** cassettes **ces** hommes - **ces** amies

❸ The possessive
→ *pages 30, 31, 88, 89*

	Singular			Plural	
	masculine (un livre)	feminine (une cassette, une amie)		masculine (un copain)	feminine (une copine)
Je	**mon** livre	**ma** cassette	**mon** amie	**mes** copains	**mes** copines
Tu	**ton** livre	**ta** cassette	**ton** amie	**tes** copains	**tes** copines
Il/elle	**son** livre	**sa** cassette	**son** amie	**ses** copains	**ses** copines
Nous	**notre** livre	**notre** cassette		**nos** copains	**nos** copines
Vous	**votre** livre	**votre** cassette		**vos** copains	**vos** copines
Ils/elles	**leur** livre	**leur** cassette		**leurs** copains	**leurs** copines

❹ The interrogative *quel*
→ *pages 24, 25, 116, 117*

	Singular	Plural
Masculine	Quel est ton nom ?	Quels sont tes loisirs préférés ?
Feminine	Quelle est ton adresse ?	Quelles sont tes activités préférées ?

❺ Numbers
→ *pages 12, 20, 21, 30, 31*

1	un	14	quatorze	60	soixante
2	deux	15	quinze	70	soixante-dix
3	trois	16	seize	71	soixante et onze
4	quatre	17	dix-sept	80	quatre-vingts
5	cinq	18	dix-huit	82	quatre-vingt-deux
6	six	19	dix-neuf	90	quatre-vingt-dix
7	sept	20	vingt	92	quatre-vingt-douze
8	huit	21	vingt et un	100	cent
9	neuf	22	vingt-deux	101	cent un
10	dix	23	vingt-trois	113	cent treize
11	onze	30	trente	1 000	mille
12	douze	40	quarante	1 018	mille dix-huit
13	treize	50	cinquante	1 571	mille cinq cent soixante et onze
				1 000 000	un million

Nouns

❶ Gender (masculine or feminine)

	Masculine	Feminine
We add **e** the masculine	un ami	une ami**e**
-eur / -euse	un serv**eur**	une serv**euse**
-eur / -rice	un présentat**eur**	une présentat**rice**
-er / -ère	un boulang**er**	une boulang**ère**
Same noun	un enfant	une enfant
Different noun	un homme	une femme

❷ Number (singular or plurial)

→ *pages 48, 49*

	Masculine	Feminine
We add **s**	un livre	des livre**s**
-eau ➜ -eaux	un cad**eau**	des cadeaux
-al ➜ -aux	un journ**al**	des journ**aux**
-eu ➜ -eux	un chev**eu**	des cheveu**x**
words ending in **s** or **x**	un pay**s**	des pay**s**
➜ no change	un choi**x**	des choi**x**

❸ Names of countries, regions and cities

→ *page 101*

Names of cities: no article	
Paris est la capitale de la France.	Flora Tylon habite à Nice. Marco vient de Rome.

Names of countries or regions: definite article	
Le Portugal	Il est né **au** Portugal. / Tu viens **du** Portugal ?
La Pologne	J'habite **en** Pologne. / Il vient **de** Pologne.
L' Italie	Tu travailles **en** Italie ? / Je reviens **d'**Italie.
Les États-Unis	Vous partez **aux** États-Unis ? / Paul arrive **des** États-Unis.
Le Languedoc, **la** Provence, **l'**Alsace	

Adjectives

→ *pages 20, 21, 26, 127, 136, 137*

❶ Gender (masculine or feminine)

	Masculine	Feminine
We add **e**	grand - espagnol - cubain	grand**e** - espagnol**e** - cubain**e**
Adjectives ending in **e** → no change.	drôle - moderne - sympathique	drôle - moderne - sympathique
-er / -ère	prem**ier** - ch**er**	prem**ière** - ch**ère**
-ien / -ienne	informatic**ien** - ital**ien**	informatic**ienne** - ital**ienne**
-eux / -euse	amour**eux** - heur**eux**	amour**euse** - heur**euse**
-on / -onne	b**on** - mign**on**	b**onne** - mign**onne**
-if / -ive	sport**if**	sport**ive**
Different adjective	beau - vieux	belle - vieille

❷ Number (singular or plural)

The same rules apply as for nouns:

Il est gentil → Ils sont gentil**s**

Elle est libanaise. → Elles sont libanais**es**.

Il est géni**al**. → Ils sont géni**aux**.

Il est amour**eux**. → Ils sont amour**eux**.

Pronouns

❶ Subjects

→ *pages 18, 19, 20, 22 , 34, 35, 43*

Emmanuel parle.
Il parle.

Je parle.
Tu parles.
Il/elle/on parle.
Nous parlons.
Vous parlez.
Ils/elles parlent.

❷ Tonic form

→ *pages 8, 9, 10, 11, 12, 13, 53*

moi	toi	lui	elle
nous	vous	eux	elles

We use these pronouns to:
● reinforce or strengthen the subject pronoun

Mon frère a 20 ans et ma sœur en a 18.

→ **Lui**, il a 20 ans et **elle**, elle en a 18.

● after a preposition

Tu viens chez **moi** ?

Moi, je vais avec **eux**.

❸ Reflexive pronouns

→ *pages 22, 112, 113*

Je **me** lave.
Tu **te** laves.   Lave-**toi**!
Il/elle/on **se** lave.
Nous **nous** lavons.
Vous **vous** lavez.
Ils/elles **se** lavent.

❹ Direct object pronouns

→ *pages 68, 69, 92, 93*

Il regarde **Anne**, il aime **Anne**. → Il **la** regarde, il **l'**aime.
(regarder quelqu'un, aimer quelqu'un, etc.)

Il **me** regarde, il **m'**aime.   Regarde-**moi**!
Il **te** regarde, il **t'**aime.
Il **le** regarde, il **l'**aime. (Paul / le gâteau)
Il **la** regarde, il **l'**aime. (Anne / la tarte)
Il **nous** regarde, il **nous** aime.
Il **vous** regarde, il **vous** aime.
Il **les** regarde, il **les** aime. (ses fils / les gâteaux)
Il **les** regarde, il **les** aime. (ses filles / les tartes)

❺ Indirect object pronouns

→ *pages 92, 93*

Elle parle **à Pierre** et elle offre un cadeau **à Pierre**. → Elle **lui** parle et elle **lui** offre un cadeau.
(sourire **à** quelqu'un, offrir quelque chose **à** quelqu'un, etc.)

Elle **me** parle et elle **m'**offre un cadeau.   Parle-**moi**!
Elle **te** parle et elle **t'**offre un cadeau.
Elle **lui** parle et elle **lui** offre un cadeau. (à Paul)
Elle **lui** parle et elle **lui** offre un cadeau. (à Marie)
Elle **nous** parle et elle **nous** offre un cadeau.
Elle **vous** parle et elle **vous** offre un cadeau.
Elle **leur** parle et elle **leur** offre un cadeau. (à ses fils)
Elle **leur** parle et elle **leur** offre un cadeau. (à ses filles)

Grammatical summary

❻ En

→ *page 67*

Replaces a noun preceded by an expression of quantity:
- Vous voulez **du** café?
- Non merci, je n'**en** bois pas.
- Tu as **assez d'**argent pour le mois?
  - Non, je n'**en** ai jamais assez!
- Tu as **combien de** frères?
- Je n'**en** ai pas. Et toi?
- Moi, j'**en** ai deux.

❼ Y

→ *pages 98, 99*

a) Replaces an object noun (or a group of nouns) preceded by **à**:
- Dis, tu as pensé **à** mes CD?
- Oui, j'**y** ai pensé. Ils sont là.

b) To express a place:
- Il habite **à** Paris?
- Non, ses parents et sa sœur **y** habitent encore. Lui, il est à Angers.

❽ The position of object pronouns

→ *pages 68, 69, 80, 81, 92, 93, 98, 99*

with a verb in the present tense:
- Tu téléphones <u>à Paul</u> ce soir?
- D'accord, je **lui** téléphone.
- Non, je ne **lui** téléphone pas.

with a verb in the *passé composé*:
- Vous êtes allés <u>au Portugal</u>?
- Oui, j'**y** suis allée en mai dernier.
- Non, je n'**y** suis jamais allée.

with a verb in the imperative:
- Je peux regarder <u>tes photos</u>?
- Oui, regarde-**les**!
- Non, ne **les** regarde pas!

with several verbs:
- Il a pu parler <u>du problème</u>?
- Oui, il a pu **en** parler.
- Non, il n'a pas pu **en** parler.

❾ Relative pronouns

→ *page 91*

QUI	Subject	Tu connais la fille **qui** parle avec Mathieu?
QUE	Direct object	Le film **que** j'ai vu hier est très beau.
OÙ	Place object	Je n'aime pas beaucoup le quartier **où** elle habite.

Quantity

→ *pages 66, 67*

peu de un peu de assez de beaucoup de trop de	+ noun	Il a **peu de** choses à raconter. Vous avez **un peu d'**eau, s'il vous plaît ? Je n'ai pas **assez d'**argent. J'ai **beaucoup d'**amis en Amérique. J'ai **trop de** travail, je suis fatigué.
un paquet de une bouteille de un kilo de	+ noun	Je voudrais **un paquet de** café. **Une bouteille d'**eau, s'il vous plaît ! Donnez-moi **un kilo de** tomates.
verbe	+ peu un peu assez (etc.)	Je dors très **peu** en ce moment. J'aime **beaucoup** Maria-Cristina.
peu un peu assez très si/tellement trop	+ adjective + adverb	Je suis **un peu** triste. Il est **tellement** sympa ! C'est **très** bien.

Sentences

❶ Negative sentences

→ *pages 28, 67, 114 (ne que)*

ne... pas	Elle ne peut pas venir avec nous.
ne... plus	Je n'ai plus faim, merci.
ne... jamais	Elle n'a jamais visité notre pays.
ne... rien	Je n'ai rien à dire. / Rien ne va.
ne... personne	Je n'ai vu personne dans le magasin. / Personne ne veut venir.
ne... que	Tu n'as que deux euros ?

Grammatical summary

❷ Interrogative sentences

→ *pages 24, 25, 56, 63, 111, 116, 117*

standard language (especially spoken)	– Tu viens ?	
standard language	– **Est-ce que** tu viens ?	– Oui. / – Non.
formal language	– Viens-tu ?	
standard language (especially spoken)	– Tu veux **quoi** ?	
standard language	– **Qu'**est-ce que tu veux ?	– Je voudrais un coca, s'il te plaît.
formal language	– **Que** veux-tu ?	
standard language (especially spoken)	– Tu as vu **qui** ?	
standard language	– **Qui** est-ce que tu as vu ?	– Caroline.
formal language	– **Qui** as-tu vu ?	

standard language (especially spoken)	1. – Tu pars quand ? 2. – Elle s'appelle comment ? 3. – Il va où ? 4. – Pourquoi tu pleures ? 5. – Vous avez combien d'euros ?	
standard language	1. – Quand est-ce que tu pars ? 2. – Comment est-ce qu'elle s'appelle ? 3. – Où est-ce qu'il va ? 4. – Pourquoi est-ce que tu pleures ? 5. – Combien d'euros est-ce que vous avez ?	1. – Je pars dimanche. 2. – Laure. 3. – À Lyon pour voir sa mère. 4. – Parce que j'ai des problèmes. 5. – Euh… 250 euros.
formal language	1. – Quand pars-tu ? 2. – Comment s'appelle-t-elle ? 3. – Où va-t-il ? 4. – Pourquoi pleures-tu ? 5. – Combien d'euros avez-vous ?	

❸ Impersonal constructions

→ *page 48*

Il y a is always used in the third person singular.

– Il y a du monde dans ce métro !

– Il n'y a pas de problème !

– Est-ce qu'il y a des toilettes ici, s'il vous plaît ?

Tenses

❶ The present tense

→ *pages 18, 22, 53, 57...*

We use it:
- most often to talk about an event or an action taking place now.
- Je suis français et j'habite à Marseille.
- to talk about an event or an action to come.
- Il arrive demain.

Forming the present tense: look at the conjugation tables in your student's book, pages 162 to 167.

❷ The imperative

→ *pages 12, 80, 81*

We use it:
- to give an order or advice.
- Tourne à droite et continue tout droit.

- to express obligation.
- Taisez-vous, travaillez !

- to forbid.
- Ne faites pas trop de bruit, s'il vous plaît.

Forming the imperative: look at the conjugation tables in your student's book, pages 162 to 167.

❸ The immediate future

→ *pages 44, 45, 133*

We use it to talk about an action or an event that's going to take place in the future.
Forming the immediate future: verb *aller* in the present tense + infinitive verb.
- Ce soir, je vais aller au restaurant avec Mia.
- Nous allons bientôt partir en vacances.

❹ The simple future

→ *pages 132, 133*

We use it to talk about an action or an event that's going to take place in the future.
Forming the simple future: an infinitive + the future enings: *ai, as, a, ons, ez* and *ont*.
- Je partirai demain matin.

Verbs with special constructions:

être: je serai...	avoir: j'aurai...	aller: j'irai
pouvoir: je pourrai...	vouloir: je voudrai...	devoir: je devrai...
savoir: je saurai...	faire: je ferai...	venir: je viendrai...
tenir: je tiendrai...	envoyer: j'enverrai...	voir: je verrai..., etc.

❺ The *passé composé* (past or present perfect tense)

→ *pages 49, 68, 69, 88, 89, 92, 93, 98, 99, 122, 123*

We use it to talk about a past action or an event.

Forming the *passé composé*: the verbs *avoir* or *être** + the past participle of the verb.

– Ils ont eu peur
– Ils sont allés chez Antoine.
– Ils se sont levés tard ce matin.

* Verbs conjugated **with** *être* in the *passé composé*: *aller, venir, retourner, entrer, sortir, arriver, partir, naître, mourir, monter, descendre, passer, tomber, rester, apparaître*, as well as verbs of the same family (*devenir, remonter…*), and all pronominal verbs (*se laver, se lever*, etc.).

Important: if the *passé composé* is conjugated with *être*, the past participle must agree with the subject in gender and number:

– Pierre est part**i** au Caire.
– Sylvie est part**ie** avec son amie.
– Elles sont part**ies** à 9 heures.
– Les enfants sont part**is** à la piscine.

Vocabulary

A

À bientôt !	See you soon!
à côté (de)	next (to)
À demain !	See you tomorrow!
à droite (de)	right
à gauche (de)	left
à juste titre	rightly/justifiably
accent m.	accent
accepter	to accept
accueil m.	welcome
accueillant	welcoming
accueillir	to welcome
acheter	to buy
acteur m.	actor
activité f.	activity
actualité f.	current events
actuel	present/current
admirable	admirable
admirer	to admire
adolescent m.	adolescent
adorable	adorable
adorer	to love
adresse f.	address
adresse électronique f.	email address
adulte m.	adult
aéroport m.	airport
affichage m.	posting
âge m.	age
agence de voyage f.	travel agency
agréable	pleasant
aider	to help
ailleurs	somewhere else
aimer	to like/to love
alimentation f.	diet
aller (à)	to go (to)
s'en aller	to leave
allumer	to turn on
alors	so
amateur m.	amateur/lover (of something)
ambulance f.	ambulance
ami m.	friend
amour m.	love
amoureux	in love (with)
ampoule f.	(light) bulb
s'amuser	to have fun
amuse-gueule m.	cocktail snack/appetizer
an m.	year
ancien	old
angoisse f.	anxiety
animateur m.	presenter
année f.	year
anniversaire m.	birthday
antiquité f.	antiquity
août	August
apéritif m.	aperitif
apparaître	to appear
appartement m.	flat
appeler	to phone
s'appeler	to be called
apporter	to bring
apprécier	to appreciate/to like
apprendre	to learn
apprenti m.	apprentice
appuyer	to press
après	after
après-midi m./f.	afternoon
architecte m.	architect
architecture f.	architecture
argent m.	money
s'arrêter	to stop
arrivée f.	arrival
arriver	to arrive
arroser	to water
artistique	artistic
ascenseur m.	lift
s'asseoir	to sit
assez (de)	enough (of)
assister à	to attend
athlétisme m.	athletics/track and field
s'attacher à	to cling to/attach oneself to
attendre	to wait
attente f.	expectation
attirer	to attract
attraper froid	to catch cold
au bout de	at the end of
au centre de	at the centre of
au coin de	at the corner of
au cours de	during
Au revoir !	Good-by! So long!
aujourd'hui	today
aussi	also
auteur m.	author
autoroute f.	motorway
autour	around
autre	other
aventure f.	adventure
avenue f.	avenue
avion m.	airplane
avis m.	opinion
avoir	to have
avoir besoin de	to need
avoir de la chance	to be lucky
avoir des moyens	can afford to/to have the means
avoir envie de	to want
avoir faim	to be hungry

Vocabulary

avoir horreur de	to hate	Bonjour !	Hello! Good morning! Good day!
avoir l'air	to look/to seem	Bonne journée !	Have a good day!
avoir l'air (de)	to look like	bouche f.	mouth
avoir le cœur gros/		boucher m.	butcher
avoir le cœur lourd	heavy hearted/sad	boucherie f.	butchery
avoir lieu	to take place	boulanger m.	baker
avoir mal (à)	to ache	boulangerie f.	bakery
avoir raison	to be right	boulevard m.	boulevard
avoir soif	to be thirsty	bousculer	to bump into
avoir sommeil	to feel sleepy	bouteille f.	bottle
avoir tort	to be wrong	boutique f.	shop
avouer	to confess/to admit	bouton m.	button
avril m.	April	bracelet m.	bracelet
		branché	trendy
		brancher	to plug in
B		bras m.	arm
		se brosser les dents	to brush one's teeth
bagage m.	luggage	bruit m.	noise
baignoire f.	bathtub	brun	brown
bande dessinée f.	comic strip	bureau m.	study/office
banque f.	bank	bureau m.	desk
banquier m.	banker	bus m.	bus
bar m.	bar		
barbe f.	beard		
bas	low	**C**	
baskets f.	trainers		
bataille f.	battle		
bateau-mouche m.	sightseeing river boat (on the Seine)	Ça dépend...	It depends...
		cache-cache	hide and seek
beau	beautiful	cadeau m.	present
beaucoup	many/much/a great deal	café m.	café
beau-frère m.	brother-in-law	calendrier m.	calendar
beige	beige	calme	calm/quiet
belle-sœur f.	sister-in-law	camarade m.	friend
beurre m.	butter	candidat m.	contestant
bibliothèque f.	library	canette f.	can
bien	good	capitale f.	capital
bien sûr	of course	carte bancaire f.	credit card
bientôt	soon	carte d'identité f.	identity card
bière f.	beer	carte postale f.	postcard
bijou m.	jewel	cartésien	Cartesian
biographie f.	biography	carton	cardboard
bise f.	kiss	casquette f.	cap
bisou m.	kiss	cassette f.	tape
blague f.	joke	castagnettes f. pl.	castanets
blanc	white	cave f.	cellar
bleu	blue	cédille f.	cedilla
blond	blond	ceinture f.	belt
bocal m.	jar	célèbre	famous
boire	to drink	célibataire	single
boîte f.	box	centime m.	eurocent
boîte f.	nightclub	centre ville m.	town centre
bon	good	cependant	however/yet/nevertheless/ still/though

156

chacun	each (one)
chaleureux	friendly
chambre f.	bedroom
chandelier m.	candlestick/candelabra
changer (de)	to change
chanson f.	song
chanteur m.	singer
chapeau m.	hat
chapelle f.	chapel
chaque	each
charcuterie f.	cooked pork meats
charmant	charming
châtain	brown (hair)
château m.	castle
châtelet m.	small castle
chaud	warm
chaussures f.	shoes
chemise f.	shirt
chèque m.	cheque
cher	expensive
chercher	to look for
cheveu m.	hair
chez	at
chien m.	dog
chiffre m.	figure
chocolat m.	chocolate
choisir	to choose
cinéma m.	cinema
circonscrire	to circumscribe
citer	to quote/to cite
citron m.	lemon
clé f.	key
climat m.	climate
cocher	to tick
se coiffer	to do (one's) hair
collecte f.	collection
collègue m.	colleague
colocation f.	co-tenancy
coloré	coloured/colourful
combien	how much, how many
comédie f.	comedy
commander	to command
comme	like/as
commencer	to begin
comment	how
communication f.	communication
compléter	to complete
comprendre	to understand
compter	to count
concerner	to concern/to affect
concert m.	concert
confidence f.	confidence/secret
connaître	to know
conseil m.	advice
construire	to build
content	happy
continuer	to carry on
contre	against
coordonnées f. pl.	details coordinates/address and phone number
copain m.	friend/pal
corps m.	body
costume m.	suit
cou m.	neck
coucher	to go to bed
couleur f.	colour
couloir m.	corridor
coupable m.	guilty
couple m.	couple
courage m.	courage
courageux	brave
court	short
cousin m.	cousin
coûter	to cost
coutume f.	custom
cravate f.	tie
crème f.	cream
crêpe f.	crepe/pancake
crevette f.	shrimp, prawn
crise f.	crisis
cuisine f.	cuisine
cuisine f.	kitchen
cultivé	cultured
culture f.	culture
culturel	cultural
curieux	curious/odd
cybercafé m.	cyber cafe
cyclisme m.	cycling

D

d'abord	first
d'accord	OK
dame f.	lady
dans	in
danse f.	dance
danser	to dance
date f.	date
de plus en plus	more and more
de retour	back from
de temps en temps	from time to time/once in a while
début m.	beginning
décembre	December
déchets m. pl.	waste
décider de	to decide (on)
déclarer	to declare

Vocabulary

décoller	to take off		E
décorer	to decorate		
déguisement m.	costume	eau f.	water
se déguiser	to dress up (as)	eau courante f.	running water
déjeuner	to have lunch	eau minérale f.	mineral water
délicieux	delicious	école f.	school
demander (à)	to ask (sb)	écolier m.	schoolboy/pupil
dent f.	tooth	écouter	to listen (to)
dentiste m.	dentist	écrire (à)	to write (to)
départ m.	departure	écriture f.	writing
département m.	department	éditeur m.	publisher
se dépêcher	to hurry (up)	s'effondrer	to collapse
depuis	since	effort m.	effort
déranger	to disturb	église f.	church
dernier	last	élégant	smart/elegant
descendre	to go down	élève m.	pupil
désespérant	hopeless/despairing	embrasser	to kiss
désespérer	to despair (of)	émission f.	programme
désolé	sorry	emmener	to take
dessert m.	dessert	émotion f.	emotion
dessin m.	drawing	émouvoir	to move/to touch
dessiner	to draw/to sketch	empester	to reek/to stink of
détail m.	detail	empoigner	to grab/to seize
détendre	to loosen	emprunter	to borrow
détestable	appalling	en avoir marre (de)	to be fed up with
détester	to hate	en bas (de)	at the bottom of
devant	in front of	en ce moment	at the moment
se développer	to develop	en face (de)	in front of
devoir	must/to have to	en général	in general
dialecte m.	dialect	en moyenne	on (an) average
dialogue m.	dialogue	en retard	late
difficile	difficult	en-cas m.	snack
diffus	diffused/vague	enceinte f.	surrounding wall/enclosure
diffuser	to diffuse/to spread	enchanté	pleased to meet you
dimanche m.	Sunday	énervé	irritated
dîner	to have dinner	s'énerver	to get worked up
dire	to say	enfance f.	childhood
directeur m.	manager	enfant m.	child
discussion f.	discussion	enfin	finally
discuter (de)	to talk (about)	s'ennuyer	to be bored
disque m.	record	ennuyeux	boring
distinguer	to distinguish/to characterize	ensemble	together
document m.	document	ensuite	then
documentaire m.	documentary	entendre	to hear
doigt m.	finger	entre	between
domaine m.	field/scope	entrée f.	starter
dormir	to sleep	entrée f.	entrance hall
douche f.	shower	entrer	to enter
douve f.	trench/moat	envahir	to invade
doux	gentle	enveloppe f.	envelope
drap de bain m.	bath towel	environ	about
drôle	funny	environnement m.	environment
dynamique	dynamic	envoyer	to send

épaule f.	shoulder	fête f.	party
épeler	to spell	fêter	to celebrate
épicerie f.	grocer's (shop)	feu (de signalisation) m.	light
épouser	to marry	feu m.	fire
équitation f.	horse (horseback) riding	février m.	February
équivalent m.	equivalent	fiche f.	form
escalier m.	staircase	fichier m.	file
escroc m.	swindler/crook	fidèle	reliable
espérer	to hope	fille f.	girl
esquimau m.	ice cream bar (on a stick)	film m.	film
essai m.	essay	fin f.	end
essayer	to try	finir	to end
essentiel	essential	fort	strong
est m.	east	fort	stout
étage m.	floor	fou	mad
s'étendre	to lie down/to stretch out	four m.	oven
étranger	foreign	foyer m.	home
être	to be	fréquenté	much attended
étudiant m.	student	frère m.	brother
étudier	to study	frigidaire m.	fridge
évader	to escape	fringues f.	clothes
évidemment	of course	frisés	curly
évier m.	sink	frite f.	chips
évoluer	to evolve/to develop	froid	cold
évolution f.	evolution	fromage m.	cheese
exactement	exactly	fruit m.	fruit
examen m.	exam		
excellent	excellent		
s'excuser	to apologize		
exemple m.	example		
exercice m.	exercise		
exhorter	to exhort/to urge		
expliquer (à)	to explain (to)		

G

		gagner	to win
		garage m.	garage
		garçon m.	boy
		gare f.	station
		gâteau m.	cake
		se généraliser	to become widespread

F

fabriquer	to make	génération f.	generation
(être) fâché (avec)	to be angry with	génial	brilliant
facile	easy	gentil	kind/nice
faim f.	hunger	geste m.	movement
faire	to do	glacial	frosty
s'en faire	to worry/to care about	glisser	to slip
faire attention	to be careful	globalement	overal/all in all
faire confiance (à)	to trust	gondole f.	gondola
faire plaisir	to please	gourmand	to love (one's) food
fait m.	fact	goût m.	taste
famille f.	family	goûter	to taste
farine f.	flour	grand	tall
fatigué	tired	grand-mère f.	grandmother
faux	wrong	grand-père m.	grandfather
féminin m.	feminine	grenier m.	attic
femme f.	woman	grignoter	to nibble
fermer	to close/to shut	grinçant	creaking/caustic
		gris	grey

Vocabulary

gros	big/large/thick	interview f.	interview
groupe m.	group	invention f.	invention
		invitation f.	invitation
		inviter	to invite

H

habillement m.	clothing
s'habiller	to get dressed
habitant m.	inhabitant
habiter	to live (in)
heure f.	time
heureusement	fortunately
heureux	happy
histoire f.	story
historique	historical
homme m.	man
hôpital m.	hospital
horrible	horrible
hôtel m.	hotel
huile f.	oil
hygiène f.	hygiene

J

jambe f.	leg
janvier m.	January
jardin m.	garden
jaune	yellow
jeter	to throw
jeu m.	game
jeudi m.	Thursday
jeune	young
joli	pretty
joue f.	cheek
jouer	to play
jour m.	day
journal m.	newspaper
journaliste m.	journalist
juillet	July
juin m.	June
jupe f.	skirt
jus de fruit m.	fruit juice
jusqu'à (date)	until
jusqu'à (lieu)	until, up to
juste	just

I

ici	here
idée f.	idea
identique	identical
il faut	(we) must
il y a (durée)	ago
il y a (qqch.)	there is
île f.	island
illustrer	to illustrate
imaginer	to imagine
immense	huge
immeuble m.	building
immobilier m.	property/real estate
impatient	impatient
importance f.	importance/size
imprimer	to print
incroyable	unbelievable
inégal	unequal
informaticien m.	computer scientist
information f.	information
s'inquiéter	to worry
insalubre	unhealthy
installer	to install/to set up
s'installer	to move in
insulter	to insult
insupportable	unbearable
intelligent	intelligent
intense	intense
intéressant	interesting
interroger	to question

K

kilogramme m.	kilogram
kilomètre m.	kilometre

L

là	there
là-bas	over there
lait m.	milk
lampe f.	lamp
langue f.	language
largement	widely broadly/amply
se laver	to wash
lecture f.	reading
légume m.	vegetable
lendemain m.	the following day
lettre f.	letter
se lever	to get up
librairie f.	bookshop
libre	free
lieu m.	place

lire	to read	se mettre à	to get/to get into/to get down to/to begin/to put oneself...
lit m.	bed		
litre m.	litre	meuble m.	piece of furniture
littérature f.	literature	midi	noon
livre m.	book	mieux	better
logement m.	accommodation	million m.	million
logis m.	home/dwelling	mince	slim
loin	far	mine f.	mine
loisirs m. pl.	leisure activity	minuit	midnight
long	long	minute f.	minute
longtemps	(for) a long time	miracle m.	miracle
louer	to rent	miroir m.	mirror
lundi m.	Monday	mise en scène f.	staging/production
lunettes f. pl.	glasses	moderne	modern
lycée m.	high school	modeste	modest
		moins	less
		mois m.	month
M		moitié f.	half
		monsieur m.	Mr.
madame f.	Mrs.	montagne f.	mountain
magasin m.	shop	monter	to go up
magazine m.	magazine	montrer	to show
magnifique	splendid	monument m.	monument
mai m.	May	morceau m.	piece/bit
main f.	hand	mot m.	word
mais	but	mourir	to die
maison f.	house	moustache f.	moustache
malheureux	unhappy	Moyen Âge m.	Middle Ages
manger	to eat	multiple	many/numerous
marché m.	market	mural	wall/mural
marcher	to walk	musée m.	museum
mardi m.	Tuesday	musicien m.	musician
mari m.	husband	musique f.	music
marié	married		
se marier	to marry		
marqué	marked/written	**N**	
marron	brown		
mars	March	naissance f.	birth
masculin m.	masculine	naître	to be born
match m.	match	natation f.	swimming
matin m.	morning	nationalité f.	nationality
médiéval	medieval	nature f.	nature
meilleur	better	neiger	to snow
même	same	nerveux	nervous
menu m.	menu	nez m.	nose
mer f.	sea	noir	black
merci	thank you	nom m.	name
mercredi m.	Wednesday	nombre m.	number
mère f.	mother	nord m.	north
message m.	message	noter	to note/to jot down
métal m.	metal	nouveau	new
métallique	metallic	nouvelle f.	short story
mettre	to put	nouvelles f. pl.	news

Vocabulary

novembre *m.*	November	patate *f.*	potato
nuit *f.*	night	pâtes *f. pl.*	pasta
nul	crap	patient	patient
numéro de téléphone *m.*	telephone number	pâtisserie *f.*	pastry
		payer	to pay
		pays *m.*	country
O		paysage *m.*	landscape
		peinture *f.*	painting
obtenir	to get/to obtain	pendant	during
octobre *m.*	October	penser (à)	to think (about)
odeur *f.*	smell	perdu	lost/missing
odorat *m.*	(sense of) smell	père *m.*	father
œil *m.*	eye	personnage *m.*	character
offrir	to offer	personne	nobody
ombre *f.*	shadow	personne *f.*	person
oncle *m.*	uncle	peser	to weigh
orange	orange	petit	small
ordinateur *m.*	computer	petit ami *m.*	boyfriend
ordures *f. pl.*	refuse	petite annonce *f.*	classified ad
oreille *f.*	ear	petit-fils *m.*	grandson
organe *m.*	organ	peu (de)	little (amount)
organiser	to organise	pharmacie *f.*	chemist's
oublier	to forget	philosophie *f.*	philosophy
ouest *m.*	west	photo *f.*	photograph
ouïe *f.*	hearing	phrase *f.*	sentence
ouvert	open	pianiste *m.*	pianist
		pièce de théâtre *f.*	play
		pièce *f.*	room
P		pied *m.*	foot
		pique-nique *m.*	picnic
pain *m.*	bread	piscine *f.*	swimming pool
palier *m.*	(staircase) landing/stage	pittoresque	colourful/vivid
pantalon *m.*	trousers	pizza *f.*	pizza
papier *m.*	paper	place *f.*	square
par ailleurs	moreover	plage *f.*	beach
par exemple	for example	plaire	to be liked
parapluie *m.*	umbrella	plaisanter	to tease/to joke
parc *m.*	park	plaisir *m.*	pleasure
Pardon !	Sorry!	plan *m.*	map
pareil	similar to	plante *f.*	plant
parents *m. pl.*	parents	plastique *m.*	plastic
paresseux	lazy	plat *m.*	course (in meals)
parfait	perfect	pleurer	to cry
parfois	sometimes	pleuvoir	to rain
parfum *m.*	perfume	pluie *f.*	rain
parler (à)	to speak (to)	pluriel *m.*	plural
particulièrement	particularly	plus	more
partir	to leave	plus tard	later
partout	everywhere	poème *m.*	poem
passager *m.*	passenger/fleeting	poignet *m.*	wrist
passeport *m.*	passport	point *m.*	full stop
passer	to spend (time)	poisson *m.*	fish
passion *f.*	passion	policier *m.*	policeman
passionné	passionate	polluant	polluting

pont *m.*	bridge
population *f.*	population
port *m.*	harbour
portable *m.*	mobile phone
poser	to put down
position *f.*	position
possible	possible
poste *f.*	post office
pot *m.*	jar
poubelle *f.*	dustbin
poursuivre	to continue
pouvoir	to be able to
pratique *f.*	practice
précédent	previous
préférer	to prefer
premier	first
prendre	to take
prénom *m.*	first name
préoccupation *f.*	concern
près (de)	near
présenter	to introduce
presque	nearly
pressé	in a hurry
prêt	ready
prêter	to lend
prévenir	to inform/to warn
prix *m.*	price
problème *m.*	problem
prochain	next
professionnel	professional
profiter de	to make the most of
programme *m.*	programme
progrès *m.*	progress
projet *m.*	project
promenade *f.*	walk/ride/drive
promettre	to promise
proposer	to suggest
prospère	prosperous
publicitaire	having to do with publicity, advertising
publier	to publish
puis	then
puissant	powerful
pull (over) *m.*	jumper
pyjama *m.*	pyjamas

Q

qualité *f.*	quality
quand	when
quart	quarter (one fourth)
quartier *f.*	district
quatre à quatre	four at a time

quelqu'un	someone
quelque chose	something
question *f.*	question
quitter	to leave

R

raconter	to tell
radio-réveil *m.*	clock radio
raide	straight
rallye *m.*	rally
randonnée *f.*	hiking
rappeler	to call back
raquette *f.*	racket
se raser	to shave
rayer	to cross out
recevoir	to receive
recyclage *m.*	recycling
recycler	to recycle
réfléchir	to think (about)
refuser	to refuse
regard *m.*	look
regarder	to look (at)
régime *m.*	diet
région *f.*	region
relever	to note (down)
religion *f.*	religion
remarquer	to notice
remercier	to thank
remplacer	to replace
rencontrer	to meet
rendez-vous *m.*	appointment
renseignement *m.*	information
rentrer	to go back
repas *m.*	meal
répéter	to repeat
répondeur *m.*	answering machine
répondre	to answer
se reposer	to rest
réserver	to book
respecter	to respect
ressembler à	to look like
se ressembler	to look alike
restaurant *m.*	restaurant
rester	to stay
retourner	to return (to)
retrouver	to find (again)
réussir à	to succeed (in)
se réveiller	to wake up
revenir	to come back
rêver	to dream
richement	richly
rien	nothing

Vocabulary

rire	to laugh	singulier	singular
rivière f.	river	situation f.	situation
riz m.	rice	ski m.	ski
robe f.	dress	sœur f.	sister
roman m.	novel	soif f.	thirst
romantique	romantic	soir m.	evening
rond	round	soirée f.	evening
rose	pink	soleil m.	sun
rouge	red	sommeil m.	sleep
rouler	to roll	sommet m.	peak
route f.	road	sonner	to ring
rue f.	street	sortir	to go out
rue piétonnière f.	pedestrian street	souffler	to blow
rumeur f.	rumour	souhait m.	wish
		soulier m.	shoe
		souligner	to underline
S		sourire m.	smile
		sous	under
sable m.	sand	souvenir m.	recollection/memory
sac m.	bag	souvent	often
sachet m.	bag/sachet	spécialement	especially
salade f.	salad	spectateur m.	audience (member of)
salle de bains f.	bathroom	sport m.	sport
salle de spectacle f.	hall/theatre	sportif	athletic
salle f.	room	stade m.	stadium
salon m.	lounge	studio m.	studio flat
saluer	to greet	stupide	stupid
salut m.	greeting	style de vie m.	life style
samedi m.	Saturday	succès m.	success
sandwich m.	sandwich	sucre m.	sugar
sans doute	probably	sud m.	south
sans exception	without exception	suivant	next
santé f.	health	superficiel	superficial
saumon m.	salmon	supprimer	to remove
sculpture f.	scupture	surprise f.	surprise
séance f.	show	surtout	above all
secrétaire m.	secretary	symbole m.	symbol
sécurité f.	security/safety	sympathique	nice/friendly
seigneurial	stately/lordly	sympathiser	to get on well/to have
séjour m.	living room		sympathies with
séjour m.	stay		
selon	according to		
semaine f.	week	**T**	
sembler	to seem		
sentir	to smell	table f.	table
septembre m.	September	tableau m.	chart
sérieux	serious	taille f.	size
seul	alone	tante f.	aunt
seulement	only	tapisserie f.	tapestry
siècle m.	century	tard	late
sigle m.	acronym	tarte f.	tart
signer	to sign	tasse f.	cup
silencieux	silent	Tchao !	Ciao!/So long!
simple	simple	technologie f.	technology